Christian Spielmann

Die Taiping-Revolution in China 1850-1864

Ein Kapitel der menschlichen Tragikomödie nebst einem Überblick über

Geschichte

Christian Spielmann

Die Taiping-Revolution in China 1850-1864

Ein Kapitel der menschlichen Tragikomödie nebst einem Überblick über Geschichte

ISBN/EAN: 9783957001023

Auflage: 1

Erscheinungsjahr: 2014

Erscheinungsort: Norderstedt, Deutschland

Hergestellt in Europa, USA, Kanada, Australien, Japan
Verlag der Wissenschaften in Hansebooks GmbH, Norderstedt

Cover: Foto ©Dieter Schütz / pixelio.de

Verlag
der
Wissenschaften

Die Taiping-Revolution in China.

(1850—1864)

Ein Kapitel der menschlichen Tragikomödie.

Nebst einem Überblick
über
Geschichte und Entwickelung Chinas.

Von

Dr. C. Spielmann.

Zweite Auflage.

Vorwort.

China, das Land der Gegensätze, das wenig bekannte und doch so interessante Reich der Mitte, welche Wandlungen auf allen Lebensgebieten hat es, hat sein Volk durchgemacht!

Eine Revolution, welche die Hunderte von Millionen Bewohner des Riesenstaates aufs höchste erregte und das gesamte Volksleben aufs tiefste aufwühlte, soll im folgenden geschildert werden.

Gerade fünfzig Jahre sind es her, daſs die Taipingrevolution, jene nationalchinesische Empörung losbrach, die das verrottete Mantschuregiment stürzen und China religiös, politisch, sozial und wirtschaftlich reformieren wollte. Es war ein welthistorischer Vorgang, der in Ausdehnung und Tragweite groſsartiger und folgenschwerer geworden wäre als je eine Umwälzung, die das Abendland betroffen hat, wenn nicht britische Eigensucht sich mit mantschurischer Tyrannei zur Bekämpfung und Bezwingung der kolossalen Bewegung verbunden hätte. Es geschah das zum Schaden der Europäer; denn wenn die Taiping gesiegt hätten, würde die fremdenfeindliche Reaktion von heute kaum erfolgt sein.

Noch vielfach wird die Taipingrevolution verkannt, nach englischen Lügenberichten oder falschen flüchtigen Augenblickseindrücken verketzert. Mancher Berichterstatter oder Geschichtschreiber schreibt den andern die Unwahrheiten gedankenlos nach.

Der Verfasser ist deshalb peinlich bemüht gewesen, durch vergleichende Forschung der Wahrheit auf den Grund zu kommen. Bei den vielen, oft einander geradezu widersprechenden Darstellungen und Angaben ist das auſserordentlich schwer geworden. Selbst bei den hervorragendsten Chinakennern bleibt so manches ungereimt und anfechtbar.

Das Werk wird da und dort Widerspruch erfahren. So lange aber nicht zwei Chinaforscher in der Beurteilung des behandelten Stoffes übereinstimmen, wird der Verfasser den unbefangenen Leser für sich haben, der gleich ihm dem Grundsatze folgt: Prüfet alles und behaltet das beste.

Als Quellen dienten:
1. Für die allgemeine Geschichte Chinas die Werke und Schriften von Gützlaff, de la Gravière, Forbes, Oliphant, Taylor, Davis, Williams, Milnes, Edkins, du Halde, Plath, Claproth, Bazancourt, de Montrecy, Wolseley, Pallu, Mayers, Strauss, Ross, Lillie, Boulger, Giles, Fries, Hirth, Richthofen, Brandt.
2. Für die Geschichte des Taipingaufstandes die Werke und Schriften von Meadows, Hamberg, Callery und Yvan, Brine, Sykes, Remie, Gordon und besonders Lin-li: Ti-ping-Tien-kwoh (The History of the Tiping-Revolution), London 1866, 2 vols., gewidmet Li-siu-tscheng, dem Tschung-wang („getreuen Könige"), verfaßt von einem dem europäischen Namen nach nicht bekannten Offizier, der in des Tschung-wang Diensten stand.
3. Englische und englisch-chinesische Zeitungen aus den Jahren 1861—65: The Times of India, The Friend of China, The Overland Register, The Nonconformist.
4. Eine Reihe von Aufsätzen in verschiedenen Zeitschriften.

Wiesbaden, im Sommer von 1900.

Der Verfasser.

Es ist eine allgemeine Erfahrung von Anbeginn der Welt oder, sagen wir, vom Beginne der menschlichen Thätigkeit an gewesen, dafs ein jedes Volk seinen besonderen Stolz besitzt, den sogenannten Nationalstolz. Das hat seine Berechtigung, namentlich in dem Falle, wenn die Nation durch irgendwelche die Allgemeinheit betreffende Handlungen sich als Förderer der Kulturentwickelung verdient gemacht hat oder durch hervorragende Eigenschaften des Geistes und Gemüts sich auszeichnet. So gut in dieser Beziehung der Stolz des Individuums nicht unethisch ist, so gut ist es auch der der Gesamtheit nicht.

Ebensosehr, positiv gesagt, ist es berechtigt, wenn das Individuum sowohl, wie die Gesamtheit den Nationalstolz, sagen wir besser das Nationalgefühl, das heifst mit anderen Worten das Kraft- und Lebensgefühl im besonderen wie im allgemeinen auf jegliche Weise hebt und fördert. Das ist ethischer Egoismus. Ihm entgegen steht aber der unethische Egoismus, für den man neuerdings die noch nicht in alle Kreise gedrungene Bezeichnung Egotismus aufgebracht hat. Berechtigte und unberechtigte Selbstsucht: Egoismus und Egotismus bilden natürlich etwas Gegensätzliches, das ethisch nicht zu vereinbaren ist.

Egoistisch handelt das Individuum, wenn es seines eigenen Wohles Förderung sucht, ohne dadurch das Ego seines Nächsten zu verletzen, ihm zu schaden, ein Wehe zuzufügen. Egotistisch handelt es bei der rücksichtslosen Befriedigung von seines Ego Wohl, ohne sich darum zu kümmern, ob dasjenige seines Nächsten Nachteil erleidet. Ganz ebenso verhält es sich mit den Handlungen der Völker, der grofsen Nationen insbesondere.

Eine Nation soll ihr Ego fördern innerhalb der Grenzen ihres Bereichs, aus der ihr innewohnenden Kraft heraus und nicht aufserhalb ihrer Einflufssphäre und auf Kosten ihrer Nachbarn. Das ist ein allgemeiner, völkerrechtlicher Satz.

Dieser Satz gilt aber nur den Kulturvölkern, d. h. denjenigen, die zum Bewufstsein gekommen sind, dafs sie eine civilisierte Nation bilden oder eine solche bilden wollen. Von den Naturvölkern, die auch in der Regel niemals als umfassende Volksgenossenschaften auftreten und bei denen das Hordenbewufstsein vorherrscht, die zu grofsen Unternehmungen, seien es kriegerische oder friedliche, nur ein gemeinsames äufseres und dann zumeist unethisches Interesse verbindet, kann man die Befolgung des Satzes nicht verlangen.

Kriegerische und friedliche grofse Unternehmungen! Die ersteren sind bei Kulturvölkern nach jenem Satze logisch von vornherein ausgeschlossen. Zwar nicht so ganz; der Schlufs würde nicht passen und nicht richtig sein. Es mufs heifsen: offensiv oder aggressiv kriegerische Unternehmungen. Die Wehr ist dem Menschen nur zur Verteidigung in die Hand gegeben; aggressive Waffe ist, soll für ihn das Arbeitsgerät sein.

Aber ist die Kulturentwickelung der Nationen, in welcher wir das stolzbewufste Nationalgefühl am intensivsten sich verkörpern sehen, stets auf dem angegebenen Wege erfolgt? Die Geschichte lehrt uns, dafs dies nimmer der Fall gewesen ist.

Bleiben wir bei der Geschichte der Völker der mittelländischen, oder wie man früher zu sagen beliebte, kaukasischen Rasse. Was zeigt sie uns? Einfach dies: dafs die verschiedensten Nationen die Förderung ihres Nationalgefühls immer und allezeit auf Kosten ihrer Nachbarnationen erstrebten, dafs sie ihre Grenzen ausdehnten, ihre Kultur auf dem Nacken von Unterjochten errichteten, dafs stets Gewalt vor Recht ging, dafs die Macht die Billigkeit beherrschte.

Ägypter und Assyro-Babylonier, Perser und Inder, Römer und Germanen, die bedeutendsten Eroberervölker der mittelländischen Rasse, alle knieten auf dem Leibe der seufzenden, unterdrückten Sklaven. Und wenn diese unter den Bedrückungen untergegangen oder doch ausgesogen waren, dann lastete die Gewalt der mächtigen oberen Volkschichten der Sieger auf den unteren des eigenen Volkes mit alles erstickender Wucht.

Als dann in der Neuzeit neue Kontinente und Inseln entdeckt wurden, in denen widerstandsunfähige Naturvölker hausten, da wuchs der Egotismus der Kulturnationen, d. h. solcher, die sich so nannten, ins ungemessene. Die Praxis des Egotismus, die Conquistadorenpolitik bethätigte sich gegen Neger, Indianer, Hottentotten und Australier. Spanier und Portugiesen, Briten und Franzosen haben sich durch ihre Greuel in Afrika, Amerika, Asien und Australien dauernde Schreckensdenkmäler gesetzt; aus Hunderttausenden von Schädeln und Gebeinen, die man zu höheren Pyramiden aufschichten könnte als jene, die im Pharaonenlande als Denkmale ähnlicher Sklaverei errichtet stehen.

Dabei behauptet jede Nation, ihre Kultur sei die wahre und einzige, und namentlich die mittelländischen Völker haben sich in dieser Selbstvergötterung gar viel geleistet. Und wie vertheidigen heute noch kurzsichtige Professoren die Mär von dem alleinseligmachenden abendländischen Kulturkreise! Sind manche allerkurzsichtigste doch soweit gekommen, daſs sie nur die hellenische Kultur als allein musterhaft gelten lassen wollen!

Das wäre nun allerdings auch wieder ein Fortschritt, insofern als er ein Sichentäuſsern vom Nationalegotismus in gewissem Sinne in sich begreift. Allein ein Satz für die Allgemeinheit läſst sich nicht aufstellen. Vielmehr müssen wir sagen: Jedes Volk hat seinen ihm eigenartigen Kulturkreis, den es bebaut. Dieser Kulturkreis muſs sich aber an den groſsen, allgemeinen, internationalen Kulturkreis anreihen, er muſs sich in vieler Beziehung mit letzterem assimilieren, um lebensfähig zu werden und zu bleiben.

Die Kulturen des Altertums haben das nicht gethan; sie haben in gesonderter Entwickelung nebeneinander bestanden und sich gegenseitig nicht oder nur unvollkommen — wie die hellenisch-orientalische zu Alexandrien — durchdrungen, und deshalb sind sie kurzlebig geblieben und ausgegangen, welchem Schicksal selbst die höchste, die hellenische, nicht zu entrinnen vermochte.

Das hinderte aber die Nationen nicht, ihre von vornherein kurzlebige Kultur für unsterblich zu erklären und sich als das auserwählte Volk der Welt, ihr Land als den Mittelpunkt der Erde zu betrachten. Eine grenzenlose Verachtung aller derjenigen Völker, die nicht dem gelobten Kulturkreise angehörten, war die Folge davon. Solche betrachtete man höchstens als starke wilde Tiere und weihte sie, wo man konnte, der Vernichtung.

Der ägyptische Pharao und der assyrische Sar köpfen, schinden, pfählen, blenden, verstümmeln Tausende unter oft allerhöchsteigener Teilnahme und verewigen ihre Massacres noch auf Monumenten als heldische Thaten. Die Hellenen machen Jagd auf Sklaven, und die Römer werfen in den Zirkussen Tausende Gefangener den Bestien vor. Das Leben der „Barbaren" war keinen Pfifferling wert.

Erst mit der Bildung der germanisch-romanischen Nationalitäten auf Grundlage einer wenn auch rudimentären Allgemeinkultur wurden die Massenmetzeleien besiegter Völker wenigstens nicht mehr Gegenstand der Verherrlichung, wenngleich die Metzeleien selbst blieben. Man denke an die Ausrottung der Sachsen und Kelten durch die normannischen Franzosen auf den britischen Inseln, an die Vertilgungskriege, die die Deutschen gegen die Wendenvölker führten, an die Glaubenskämpfe der Spanier gegen die Mauren. Das Christentum an sich ist nicht der Förderer der Humanität gewesen, sondern die langsam herandämmernde Aufklärung.

Aber so sehr die Humanität Fortschritte machte — und besonders ist dies trotz aller Einwendungen von dieser oder jener Seite in unserem Jahrhunderte der Fall gewesen —, so sehr blieb anderseits der egotistische Nationalstolz, der sich sogar zum Nationaldünkel ausbildete, bestehen. Ein jedes Volk Europas hält sich für das auserwählte und mißachtet seine Nachbarn. Schlagen wir an die eigene Brust! Wir sind das Volk der Dichter und Denker, wir sind das siegreiche Volk, das nie untergehen kann, wir fürchten Gott und sonst nichts in der Welt! Die leichtsinnigen Franzosen, die geldgierigen Engländer, die bornierten Russen, die faulen Spanier u. s. w., an sie denken wir nur mit Verachtung, kurz für jede außerdeutsche Nation haben wir gleich wenig schmeichelhafte Attribute bei der Hand. Und die anderen Nationen machen's ebenso. Der Franzose hat sein Moi, der Engländer sein I, der Spanier sein Yo; alle sind Egotisten.

Dieser Nationaldünkel ist indes nur eine Folge der geschichtlichen Entwickelung. Bekanntlich hat die große französische Revolution und die nachfolgende bonapartische Zwingherrschaft die nationale Konsolidation den Völkern als notwendig gegen die Gelüste eroberder Staaten oder Personen zum Bewußtsein gebracht. Die Befreiungskriege, der Weltkrieg der Völkerrache, wie sie ein neuerer Geschichtsforscher treffend genannt hat, wurden in dem Gedanken unternommen, daß jedes Volk seine Selbstbestimmung und seine staatliche Geschlossenheit erlangen müsse, um sich künftig vor fremder Willkür zu schützen. Statt dessen brachte die Seelenverkäuferdiplomatie des Wiener Kongresses es zustande, daß die Völker nach beiden Seiten hin schmählich getäuscht wurden, durch festere Begründung des Absolutismus entgegen der berechtigten und versprochenen Gewährung konstitutioneller Einrichtungen, und Wiederherstellung der zerstückelten oder Neuschaffung künstlicher Staatswesen: Deutscher Bund, Italien, Niederlande, Polen u. s. w. Aber die historische Entwickelung läßt sich von Staatsmännern der Sorte Metternich, Talleyrand, Nesselrode u. s. w. kein Bein stellen. Die konstitutionellen Einrichtungen kamen doch, und die nationale Einheit Deutschlands und Italiens rang sich durch. Beides aber erfolgte, mußte erfolgen durch „Blut und Eisen", unter unsäglich schweren Kämpfen. Durch diese Kämpfe, die ohne jene Wiener Pfuscherei den Völkern erspart geblieben wären, ist der Nationalhaß großgezogen worden, weil die Nationaleinheit ohne Verletzung des Nachbarstaates nicht erreicht werden konnte. Und der Nationalhaß wieder hat den Nationaldünkel verstärkt, so daß es noch einiger Jahrzehnte bedürfen wird, bis die zunehmende Allgewalt des Verkehrs auch diese gegenseitigen Vorurteile nivelliert.

Gleichermaßen wie die europäischen Nationen untereinander sich gegenseitig über die Achsel ansahen, also und noch mehr blickten sie alle mit Verachtung auf die Völker, die außerhalb des mittelländischen Kulturkreises standen. Besonders auf jenes Kulturvolk hinten im fernen Asien, am gelben und blauen Meere, auf die Chinesen, die seit Jahrtausenden schon mit ihrer Kultur „stehen geblieben sind", auf den Gang der Geschichte „keinen Einfluſs gehabt" haben. Daſs die Chinesen einen ihnen eigenartigen Kulturkreis besitzen wie jedes Kulturvolk der Erde, daſs die chinesische Kultur lebensfähig und fortentwickelungsfähig ist (denn die Jahrtausende beweisen es, trotzdem uns dies unverständlich erscheint): all das anzuerkennen, ist der Europäer zu hochmütig.

Auch im chinesischen Staats- und Kulturleben hat es Perioden des Niederganges gegeben, wie auf jede Blüte ein gewisser Verfall folgt. Aber dieser Verfall war nicht derart, daſs Staat und Volk dadurch zu Grunde gingen. Vielmehr hat die unverwüstliche Lebenskraft der chinesischen Nation aus sich selbst heraus jedesmal eine Regeneration und damit eine neue Blüte des Volkslebens bewirkt.

Eine solche mächtige nationale Bewegung, historisch und sozialpolitisch hochinteressant, aber in Europa teils unbekannt, teils verkannt und, leider Gottes, mit Europas Hilfe unterdrückt, wollen wir im nachfolgenden betrachten: die Revolution der Tai-ping.

Zuvor aber müssen wir zum Verständnisse des Ganzen einen Überblick über die Entwickelung des chinesischen Volkes und Reiches thun.

1.

Das Reich der Mitte (Tschung-kwo) oder Reich unter dem Himmel (Tien-hia) — stolze Benennungen, die beweisen, daſs es auch den Chinesen nicht an Nationaldünkel fehlt —, den Europäern bekannter unter dem Namen China (besser Tsina, von der Dynastie Tsin), wird heute von vier- bis fünfhundert Millionen Menschen bewohnt, also von einem Drittel der gesamten Bevölkerung der Erde. Es bietet das Beispiel eines alle geschichtlichen Zeiten überdauernden Reiches und Volkes und giebt der Welt ein groſsartiges Vorbild von Lebens- und Konkurrenzfähigkeit.

Den offenkundigsten Beweis dieser Lebens- und Konkurrenzfähigkeit bildet die Zunahme der chinesischen Bevölkerung. Wie bei aller Entwickelung giebt es auch hier nur Vorwärts- oder Rückwärtsgang; die Phrase vom Stillstand, von der Stagnation ist Unsinn. Wie jedes Volk, so hat, wie gesagt, auch das chinesische Perioden des Rückschrittes gehabt; doch sind diese bald überwunden worden. Nachfolgende Übersicht giebt uns ein Bild der Bevölkerungsbewegung binnen fast zwei Jahrtausenden. China hatte Einwohner

anno	1:	20 000 000	anno	841:	25 000 000
„	155:	50 000 000	„	1100:	100 000 000
„	230:	8 000 000	„	1290:	59 000 000
„	280:	46 000 000	„	1644:	37 000 000
„	627:	15 000 000	„	1750:	180 000 000
„	754:	45 000 000	„	1812:	360 000 000
„	760:	9 000 000	„	1896:	450 000 000

Die starke Abnahme zwischen den Jahren 155 und 230, zwischen 280 und 627 und besonders zwischen 754 und 760 rührt von den verheerenden Bürgerkriegen her, die in jenen Zeiten das Land entvölkerten. Die Reduktion zwischen 1100 und 1290 ist zu erklären aus den Verwüstungszügen Tschingiskhans und seiner Nachfolger, die zwischen 1290 und 1644 aus den Kriegen wider die Mantschu, welches Volk sich in dem zuletzt genannten Jahre in Besitz des Landes setzte. Seitdem aber begann der stetige kolossale Aufschwung der Bevölkerung, den weder innere Rebellionen, noch vernichtende Epidemien und schwere Hungersnöte zu hemmen vermochten.. Sterben gleich Hunderttausende infolge solcher Unheilsfälle dahin, die kaninchenhafte Fruchtbarkeit des Chinesenvolkes sorgt dafür, dass die Lücken in der Bevölkerung bald wieder ausgefüllt erscheinen.

Solche Massen auf einem verhältnismäfsig kleinen Raume — denn etwa vierhundert Millionen der Bevölkerung kommen auf das eigentliche China, d. h. auf einen Raum von etwa siebzigtausend Quadratmeilen — staatlich, gesellschaftlich und wirtschaftlich zusammenzuhalten, erscheint gewifs als eine grofse Kunst. Einzig möglich wird dies dadurch, dafs die Chinesen friedlich und arbeitsam sind.

Die Chinesen sind Helden der Arbeit, das erkennt jeder an, der mit ihnen in Berührung gekommen ist. Der gelbe Zopfträger arbeitet von früh bis spät, unermüdlich und unverdrossen. Er ist kein Riese; die meisten Chinesen haben Durchschnittsgröfse und Durchschnittskraft; aber dasjenige, was ihn die Konkurrenz mit jedem andern Arbeiter aushalten und siegreich bestehen läfst, ist seine Ausdauer bei geringen Lebensansprüchen. Mufs beispielsweise der deutsche Arbeiter seine viertel- oder halbstündigen Frühstücks-, Mittags-, Schlaf- und Vesperpausen haben und wirft er beim Feierabendläuten Hammer und Zange nieder, so macht der Chinese sein Efs- und Trinkgeschäft gewissermafsen unter der Arbeit ab und kennt kaum Beginn und Ende der letzteren. Muss jener zum Frühstück sein Brot womöglich mit Schweinerippchen und Gurke und einer Flasche Bier haben — man betrachte nur die frühstückenden Maurer und Zimmerer —, so ist dieser zufrieden mit seinem Topfe Reis, seinem Stück Brot und etlichen Wurzeln oder Zwiebeln, kennt Fleisch nur Sonntags und Alkohol wenig oder gar nicht. So ist sich dies Volk in Arbeit und Genüssen gleich geblieben seit viertausend Jahren; unter solchen Bedingungen hat es seine gesellschaftliche und wirtschaftliche Existenz begründet und erhalten.[1])

Das Machtmittel dazu war der Pflug, der sich seit Jahrtausenden in der Hand eines jeden chinesischen Landmannes befindet. Der Ackerbau ist die vornehmste und angesehenste Beschäftigung im Reiche der Mitte. Selbst die höchste Person in letzterem erkennt das an. Alljährlich zieht nach uraltem, durch die Tradition zum heiligen Gesetze gewordenen Gebrauche der Kaiser, der „Sohn des Himmels", auf dem Felde am ersten Tage des neuen Jahres mit dem Pfluge eigenhändig eine Furche.[2]) Der

---

1) Das Opiumrauchen ist in China nicht so allgemein verbreitet wie man in Europa glaubt, es ist meist nur Genufsmittel für die Vornehmen.
2) Vergl. Schiller, Turandot II, 4, Rätsel Nr. 3 („Wie heisst das Ding, das wenige schätzen?").

Ackerbau hat den Chinesen nach langem Bemühen die Gebiete von der chinesischen Mauer bis zum Südmeer, von den mongolisch-tibetanischen Wüsten bis zum Großen Ozean unterworfen. Im Schweiße seines Angesichts, in friedlicher Arbeit hat er den Boden bebaut; die wilden Urbewohner zogen sich in die Berge und Wälder zurück, wo der Bauer sie ungestört hausen ließ, während seine Nachkommen ringsumher sich ausbreiteten. Im Schweiße seines Angesichts hat er den Boden behauptet und verteidigt. Wenn feindliche Nachbarn ins Land einfielen und sich festsetzten, sie mußten sich dem Ackerbau anbequemen, mochten sie wollen oder nicht, und sich der eingeborenen Bevölkerung assimilieren: sie gingen im Chinesenvolke auf, andernfalls wurden sie ab- oder wieder ausgestoßen.

So hat dieses sich seine Kultur selbst geschaffen. Auf dem Ackerbau baute sie sich auf. Ganz anders dagegen die Kultur der meisten mediterranen Völker. Bei ihnen war das Machtmittel das Schwert; sie eroberten sich die Kultur Fremder und eigneten sie sich an. Die Kämpfe der Germanen gegen das Römerreich, was sind sie anders als Beutezüge gewesen! Und welche Folgen haben sie gehabt? Alle Germanenvölker, die auf dem Boden des alten Weltreiches Wurzel faßten, sie sind entweder in den besiegten Kulturvölkern aufgegangen, spurlos verschwunden, oder sie sind untergegangen, ebenso spurlos verschwunden. Also hier wie dort hat die Übermacht der Kultur gesiegt.

Die kriegerische Thätigkeit der Chinesen bestand meist in der Abwehr der Feinde, in der Behauptung des durch friedliche Arbeit gewonnenen Bodens. Dazu gehörte zweierlei, die Abhaltung des eindringenden Feindes und die Wiedergewinnung ehedem in Zeiten der Schwäche verlorener Landstriche. Eine aggressive Politik trieben nur die Fremdherrscher der mongolischen und der mantschurischen Dynastie (1279—1368 bezw. seit 1644), von denen der mächtige Kublai Barma und Korea, der gewaltige Kien-lung die Bucharei und Tibet unterwarf und an das eigentliche China anfügte, bei welchem diese Länder, Barma ausgenommen, seitdem auch verblieben sind.

So lesen wir also in der chinesischen Geschichte nichts von Eroberungs- und Heldenthaten aus Prinzip, nichts von Beutezügen und Sklavenjagden. Aber nichtsdestoweniger würde man irr gehen, wollte man etwa die Chinesen als feig betrachten. Der letzte japanisch-chinesische Krieg hat diesen Irrtum vielfach wach gerufen. Die Chinesen haben ja in fast allen Schlachten und Gefechten den kürzeren gezogen und manchmal sich in wilde Flucht geworfen. Das kam aber nur daher, dafs die Japaner besser organisiert, ausgerüstet und geführt waren und dafs sie von Natur aus ein kriegerisches Volk sind. Wo die Chinesen Organisation und Ausrüstung für sich hatten, z. B. zur See, haben sie ihren Feinden aufs nachdrücklichste widerstanden und ihnen vielen Schaden zugefügt.

Der Chinese, friedliebend und arbeitsam, hat sich nie viel um Politik gekümmert. Wer ihn in seinem Vaterlande, auf dem heimischen Boden in Ruhe liefs und nicht bedrückte, der mochte über ihn das obere Regiment führen, was bei der in China herrschenden Gentilverfassung, auf die wir noch kommen werden, eigentlich nicht viel besagen will. So ertrugen die Chinesen öfter fremde Herrscher, wie neuerdings noch. Nur wenn die Fremden anfingen, das Volk zu drücken oder in seine Rechte einzugreifen, dann empörten sie sich und warfen die Dränger zum Lande hinaus. So vernichtete die Volksempörung unter des Bauern Tschu-juen-tschang Anführung den mongolischen Despotismus; so würde auch die Volksempörung unter dem Bauer Hung-siu-tschuen die mantschurische Tyrannei gestürzt haben, wenn nicht die Europäer deren morsches Fundament wieder hätten untermauern helfen.

Bei den Kämpfen der Chinesen gegen die nordischen Barbaren zu deren Abwehr oder Vertreibung sind Heldenthaten verrichtet worden, die sich denen der französischen, deutschen, spanischen griechischen u. s. w. Freiheitskriege würdig an die Seite stellen können. Das chinesische Heer war stets in Zeiten der Not ein Volksheer, welches wufste, wofür es focht, nämlich für die heiligsten Güter des Vaterlandes. So unterschied es sich vorteilhaft von den Landsknecht- und Söldnerbanden der europäischen Staaten im

Mittelalter. Wenn die kriegerische Arbeit gethan war, dann kehrte der Chinese heim, hing seine Waffen an die Wand und griff wieder zum Pfluge.

Der Chinese focht nicht für seiner Herrscher, sondern für des Volkes Wohl. Die chinesische Geschichte ist daher keine solche, die sich mit ihren Kriegsbegebenheiten um die Fürsten dreht; die Ereignisse gruppieren sich überhaupt nicht um die Dynastie, sondern ums Volk. Auch sonst vermochte der Chinese keine Tyrannei zu ertragen, es nicht zu dulden, dafs seine demokratischen Einrichtungen angegriffen wurden. Despotismus und Feudalismus sind von ihm mit äufserster Konsequenz bekämpft und schliefslich überwunden worden. Die Geschichte des Reiches der Mitte mag deshalb für denjenigen, der die Geschichte überhaupt nur als Erzählerin der kriegerischen „Ruhmesthaten" liebt, uninteressant sein; für andere ist sie in jedem Falle ungemein lehrreich, trotz ihrer verhältnismäfsigen Einförmigkeit.

Aus dem gleichen Grunde, weil nämlich die chinesische Geschichte Volks- und nicht Dynastiegeschichte ist, weil das chinesische Volk dem Despotismus abhold war, finden wir auch keine Überbleibsel der Verherrlichung des letzteren. In ganz China sind keine Paläste wie die in Assyrien und Babylonien, keine Pyramiden und andere Denkmäler wie in Ägypten und Rom vorhanden, an denen Hunderttausende verknechteter Hände gearbeitet haben, um den Ruhm eines Tyrannen der Nachwelt zu verkünden mit einziger Ausnahme der den Befreiern des Volks zu Nan-king (s. w. u.) errichteten Ruhmeshalle. Dagegen sind unzählige Zeugen freier, dem Gemeinwohle nützlicher Werke allenthalben in die Augen springend: Strafsen, Brücken, Kanäle, Bewässerungswerke, und in der Urbarmachung des Bodens und in dessen Bebauung haben die Chinesen fast noch Grofsartigeres geleistet als die mittelländischen Stromkulturvölker.

Die Chinesen sind am Hoang-ho und Jang-tse-kiang verhältnismäfsig spät in die Ackerbauepoche eingetreten. Die Sumerier in Mesopotamien waren ihnen darin fast zweitausend, die Ägypter in den Nilniederungen fast tausend Jahre voraus. Aber die Chinesen holten sie bald ein und überholten sie sogar. Sechshundert Jahre vor Christo besafsen sie bereits eine höhere Kultur als das gleichzeitige assyrische und babylonische Grofsreich unter Assurbanipal und Nebukadrezar und hundert Jahre nach Christo eine höhere als das gleichzeitige Römerreich unter Hadrian und den Antoninen sie aufweisen konnte.

Hand in Hand mit der Liebe zu der Heimat und zur friedlichen Beschäftigung ging der eifrige Verkehr untereinander. Die Chinesen betrachteten sich als eine grofse Familie, schon die Gleichförmigkeit im körperlichen Äufseren führte zu der Auffassung hin. Deshalb auch die stete gemeinsame Verteidigung der Interessen nach aufsen. Die Abneigung gegen die Fremden, von denen nie Gutes zu erwarten war, sondern die sich immer mit Gewalt der Erzeugnisse chinesischer Kultur bemächtigen wollten, ging so weit, dafs bereits vor mehr als zweitausend Jahren man auf den ebenso absurd scheinenden wie in Wirklichkeit grofsartigen Gedanken kam, durch eine Mauer sich gegen das Ausland im Norden abzusperren, wie dies seitens der Natur bereits durch hohe Gebirge im Süden, durch Wüsten im Westen und durchs Meer im Osten besorgt worden war. Die Chinesen liefsen ihre Nachbarvölker und die überseeischen Fremden in Ruhe, also wollten auch sie in Ruhe gelassen werden. Die so oft bespöttelte chinesische Absperrung gegen das Ausland ist etwas ganz Vernünftiges gewesen. Kann man es einem friedliebenden, seiner Familie lebenden Hausvater verdenken, wenn er seine Niederlassung, fern vom Getümmel der Welt errichtet, mit einem Garten und einer Umfriedung umgiebt, um sich fremde Besucher oder gar freche Eindringlinge fern zu halten!

Arbeitsam leben und später die Früchte der Arbeit so behaglich wie möglich geniefsen, danach strebte und strebt der Chinese, darin sind alle Glieder der grofsen Nation eines Sinnes. So bilden sie das am meisten materialistische Volk der Erde. Aller höhere, ideale Schwung geht ihnen ab, ging ihnen ab von Anbeginn an. Sie haben keine mythischen idealen Heroen wie Griechen und Germanen, keine, die sich durch Kriegsheldenthaten berühmt gemacht haben. Ihre mythischen Personen, unter denen Fo-hi, Jao,

Schun und Ju besonders hervorragen, sind Helden der Arbeit, am ehesten noch dem Herakles vergleichbar. An diesen nüchternen Gestalten vermöchte die Thätigkeit manches akademischen Zopfgelehrten des europäischen Reiches der Mitte die „jugendlichen Gemüter nicht zu erwärmen", wie die landesübliche Phrase lautet. Für die Chinesenkinder aber sind jene Heroen der Gegenstand pietätvoller Verehrung.

Der Arbeitssinn, das Bestreben, die Arbeit zu erleichtern und zu fördern, hat die Chinesen frühzeitig auf das Gebiet der Erfindungen hingewiesen. Alle diese Erfindungen aber dienten nur dem Nützlichkeitsprinzip; niemals ist es den Chinesen eingefallen, sie für höhere, ideale Zwecke zu verwenden. Wir haben schon bemerkt, daſs die Chinesen Grofsartiges im Ackerbau, in der Urbarmachung und der Bebauung des Bodens geleistet haben. Der Pflug, den wir als ihr vornehmstes Werkzeug bezeichneten, ist von ihnen erfunden worden und zwar sehr frühe in der heute bei den Kulturvölkern gebräuchlichen vollkommeneren Form. Im weiteren haben sie sich alle Mühe gegeben, die Bodenbearbeitung zu vervollkommnen. Das Austrocknen der Sümpfe, das Ausroden der Wälder und das Umwandeln wüster Gegenden in fruchtbaren Boden, besonders durch richtige Kanalisierung und Berieselung zeigt die Chinesen als Meister in diesem Fache. Ebenbürtig stehen sie darin neben den mesopotamischen Semiten und den spanischen Mauren, ja sie übertreffen diese Völker noch, insofern sie ihre Anlagen umfangreicher und grofsartiger ausgeführt haben.

Auch die Auswahl der Pflanzen, die sie auf dem von ihnen bearbeiteten Boden zum Gedeihen brachten, zeigt ebensowohl das Verständnis für die Bebauung, wie sie auch die Beachtung des Nützlichkeitsgrundsatzes darthut. Als Hauptprodukt wird der Reis gezogen, der in seiner vorzüglichen Qualität das vornehmliche Nahrungsmittel des Volkes bildet. Dem gleichen Zwecke dient ferner die Hirse, der Weizen und die Bohne in ihren mancherlei Arten. Hauptgetränk ist der Thee. China ist das Land des Thees und der Theezucht. Grofsartigere und rationeller eingerichtete und gepflegte Theeplantagen als im Reiche der Mitte giebt es nirgends.

Man könnte wohl sagen in der Speise, dem Reis, und in dem Getränke, dem Thee, die beide so nüchterner Natur sind, prägt sich so recht auch der nüchterne Sinn des Chinesen aus.

Reis und Thee sind aber dem Volke nicht nur Konsumtions-, sondern auch Handelsprodukte. Sie sind es indes erst recht geworden, seitdem China gezwungen wurde, seine Häfen dem Auslande zu öffnen. Ähnlich verhält es sich mit zwei anderen Erzeugnissen des Landes, mit der Seide und der Baumwolle. Ursprünglich diente die Kultur beider den eigenen Bedürfnissen, der Verfertigung der eigenen Kleidung, die man gern verschönen wollte. Seitdem der Handel gröfseren Aufschwung genommen hat, ist man natürlich auch bedacht, diese Zweige im eigenen Interesse mit noch gröfserer Aufmerksamkeit zu behandeln.

Von den Erfindungen der Chinesen steht die der Zeitrechnung und der Bestimmung der Himmelsrichtungen obenan. Kalender und Kompafs aber dienen auch nur dem Nützlichkeitsprinzip. Die Kenntnis von der Bewegung der Erde und des Mondes, von dem Wechsel der Jahreszeiten ist unumgänglich notwendig für die rationelle Bodenbewirtschaftung, ebenso wie die Kenntnis der Windrichtungen. Auch andere Erfindungen, die das Abendland erst viel später machte, hat der suchende Sinn der Chinesen bereits frühe gefunden. Machen wir nur auf zwei davon aufmerksam, von denen man sagt, sie hätten die finstere Zeit des Mittelalters überwunden und dem Lichte der Aufklärung, den Werken der Humanität Eingang verschafft. Das Pulver, mit dessen Hilfe der Roheit der Rittergewalt ein Ende bereitet wurde, und die Druckerschwärze, die den Bann der geistigen Knechtschaft von den mittelländischen Völkern nehmen sollte; lange, lange vorher waren beide in China bekannt. Aber hier diente das Pulver meist nur friedlichen Zwecken, der Arbeit sowie dem Vergnügen bei Festlichkeiten, und die Druckerschwärze brauchte nicht in polemischen Streitschriften wider Unsinn und Tyrannei verschwendet zu werden.

Im übrigen sind ideale Erfindungen nicht zu verzeichnen. Die Kunst blieb bis in die neuesten Zeiten Stiefkind der Chinesen.

Die Baukunst bewegt sich entweder in höchst einfachen oder in verfratzten Formen, Architektonik und Skulptur desgleichen. In der Malerei sind die Chinesen stets Kinder geblieben; ihre Bildchen haben in der Regel keinen gröfseren Wert als die Abklatsche wenig sorgsamer Bildfabrikanten bei uns. Eigentümlich ist, dafs sich in der Ausübung der bildenden Kunst, wenn wir diesen technischen Ausdruck einmal anwenden sollen, das Kleine, Zierliche ebenso offenbart, wie bei den Anlagen zum allgemeinen Wohle das Grofsartige und Kolossale. Ebenso steht die Musik mit ihren primitiven Instrumenten und die Poesie zurück. Sogar die Sprache und Schrift ist höchst einfach und gleichsam ängstlich bemüht, vor dem Zuviel im Ausdrucke sich zu wahren.

Am auffallendsten zeigt sich der nüchterne Sinn der Chinesen in der Religion. Da der gelbe Mann nicht wie der Semit oder der Arier sich zum Bewunderer der Natur und ihrer Äufserungen und zur idealen Personifikation der Naturgewalten aufschwingen konnte, so vermochte er auch sich kein ideales Pantheon zu schaffen. Als Herrn des Bodens und seiner selbst erkannte er nur den Himmel (Tien) an, der ihm Regen und Wind, Blitz und Donner, Licht und Dunkel, Wärme und Kälte sandte. Aber er sah auch in dem Tien nichts weiter als ein Kollektivwesen, das aus einer Menge von mächtigeren oder minder mächtigen Dämonen guter und böser Art besteht, für die man allenfalls, um sie sich sinnlich zu vergegenwärtigen, sich ein ixbeliebiges Bild machen kann. Ein solches mag sich sogar jeder einzelne vorstellen und machen wie er will; der Nachbar kümmert sich nicht darum. So hat fast jede Familie ihren eigenen Hausgötzen. Besondere Tempel für viele besonders verehrte Dämonen giebt es auch, aber ohne Priesterschaft; eine Hierarchie hat sich in China nicht entwickelt.

Dagegen steht an Stelle der Gottesverehrung der Ahnenkult. Der Ahn als der Gründer der Familie, der Vorvater des Stammes und der ihm jeweilig folgende älteste Geschlechtsvertreter geniefsen eine pietätvolle Verehrung von Geschlechte zu Geschlecht wie in der ersten Zeit auch mancher mittelländischen Kulturvölker. Gleicherweise wie die Familienpatriarchen sind auch die Volkspatriarchen, vor allem die vier obengenannten: Fo-hi, Jao, Schun und Ju hoch angesehen.

Den Ahnenkult und die Heilighaltung der Familie, den auf Pietät und Autorität begründeten Patriarchismus zugleich als gesellschaftliches und wirtschaftliches Prinzip über alle Staatsform erhoben, in China heimisch gemacht und damit die demokratischen Lebensformen eingeführt zu haben, dies Verdienst ist dem Kong-fu-tse (Confucius) zuzuschreiben, der bereits fünfhundert Jahre vor Christo den Chinesen, entgegen den Religionsvorschriften anderer Völker, einen Sittenkodex gab, der heute noch Geltung hat. Ein anderer Volkslehrer, Lao-tse, ist der Begründer eines Kultus der Vernunft (Taoismus) geworden, der gleichfalls eine Menge Anhänger zählt.

Überdies ist von Indien herüber der Buddhismus eingedrungen, der bei seiner nur auf die Ethik basierten, auch gewissermafsen religionslosen Lehre in China unter besonderer Form (Foismus) Millionen von Verehrern gewonnen hat. Muhamedanismus und Christentum suchen daneben gleichfalls im Reiche der Mitte Boden zu gewinnen.

Friedsam wie auf allen Gebieten ist der Chinese auch auf dem religiösen. Der Kaiser bezeugt seine Toleranz dadurch, dafs er sowohl dem Ahnenkult und den Lehren des Kong-fu-tse, als auch denen des Lao-tse und Fo öffentlich huldigt. Die Christenverfolgungen, die wiederholt stattgefunden haben, haben ihren Grund viel mehr in politischen, sozialen und wirtschaftlichen als in religiösen Verhältnissen.

Kein Despotismus besteht, keine Hierarchie, ebenso auch keine Gelehrtenkaste oder -klasse, die Mitglieder der Han-lin-Akademie zu Pe-king ausgenommen. China kennt keine Klassenkultur, sondern nur Volkskultur. Die Volksschulen in ihren verschiedenen Abstufungen sind jedermann zugänglich. Fremd steht das Volk dem tatarischen Mandarinentum gegenüber, zu dem nur wenige Auserwählte Zutritt haben und den sie durch zahlreiche Examen und bedeutende Geldopfer erkämpfen müssen. Der Gegensatz von Volk und Beamtentum, von Regierten und Regierenden ist denn auch die Ursache der grofsartigen Bewegung geworden, von der die nachfolgenden Blätter berichten sollen.

2.

Die Chinesen sind, wie wir bereits gehört haben, in ihr heutiges Gebiet am Hoang-ho und Jang-tse-kiang eingewandert und zwar von Westen her.

Sie gehören zu der zahlreichsten Rasse des Erdballs, die man von dem Hauptvolke die mongolische oder tatarische[1]) genannt hat, und zu welcher man nach der neueren Forschung aufser den nord- und ostasiatischen Völkern und ihren Absprengungen auch die malaiischen Bewohner Hinterindiens und Polynesiens zählt, ferner die rothäutigen Völker auf dem amerikanischen Kontinent und die Stämme der arktischen Gegenden.

Nach der Ansicht neuerer Sinologen safsen die Vorfahren der heutigen Chinesen ursprünglich in den Oasen des Tarimbeckens zwischen Khotan und dem Lob-noor, in der heutigen Grofsen Bucharei. Sie waren hier Nomaden; aber der Übergang zum Stande der Ackerbauer fand bereits in der Urheimat statt. Auch standen sie vielleicht hier in Verbindung mit den Ariern. (NB.: Theorie des asiatischen Ursprungs der Arier, die neuerdings zumeist aufgegeben worden ist.) Die zunehmende Versandung der Oasen zwang die Chinesen zur Auswanderung gen Osten, die allmählich erfolgte. So finden wir sie im dreiundzwanzigsten Jahrhunderte vor Christo, also zur Zeit der Herrschaft der Elamiten in Babylonien und der memphitischen Dynastieen in Ägypten, am Bulun-Girgol, dem Kwen-lun und Nan-schan, um Su-tschu (zwischen Grad 94 und 98 östlicher Länge), in nun verwehten Oasen. Hier wuchsen sie vor Ablauf des dritten Jahrtausends vor unserer Zeitrechnung zu reinen Ackerbauern aus und besiedelten, sich rasch vermehrend, die Provinzen Kan-su, Schen-si und Schan-si und besetzten allgemach die Ebene bis über den Jang-tse-kiang bis um das Jahr 2000. Die barbarischen Urstämme wurden civilisiert oder südwärts gedrängt; das Thal des Hwai bildete die Durchzugslinie ins eigentliche China.

---

1) Tataren nannten die Völker Europas die Mongolen von ihrem eigentümlichen Schlachtgeschrei: Ta-ta! Tartaren ist falsch.

Der Besitzstand des Reiches blieb aber in der nächsten Zeit nicht ständig derselbe. Das Gebiet von Sze-tschwan und später das der Jün-nan-Passage ging an die Steppennomaden verloren, so dafs ums Jahr 1100 das Reich kleiner erschien als um 2000. Während achtzehnhundert Jahren (2000—200) fand dann ein beständiges Rückwärts- und Südwärtsströmen statt; der Besitz in Centralasien blieb steten Schwankungen ausgesetzt, indes der Süden bis zum letztgenannten Zeitpunkte vollständig eingenommen und die Meeresküste erreicht war. Die Nordchinesen erhielten sich unvermischter als die Südchinesen, die sich mit Teilen der Urbevölkerung (Miau-tse) durchsetzten; grofse Stämme der letzteren blieben in den Gebirgen und Sumpfgegenden von Hu-nan, Kwang-si und Jün-nan unbehelligt sitzen. Der Name Miau-tse bedeutet Kinder des Bodens = Autochthonen oder Aborigener. Die Stählung des Chinesenvolkes war während des Aufenthaltes in Schen-si und Schan-su erfolgt, wo es mit den Unbilden der wechselnden Witterung und des unfruchtbaren Bodens zu kämpfen hatte, bis es sie überwand. In diese Zeit fällt auch die Thätigkeit der Kulturheroen der Dynastie Hia (2207—1767), die man als die erste historische Dynastie Chinas bezeichnen kann.

Vorher ist das Reich ein patriarchalisches Wahlreich gewesen. Ju, der erste Hia-Herrscher, begründete die erbliche Patriarchen-Dynastie, die wohl zu unterscheiden ist von der Despoten-Dynastie. Der Kaiser ist der Generalpatriarch, der Vertreter der himmlischen Ordnung, daher „Sohn des Himmels" (Tien-tsi) genannt, zugleich aber der erste Diener des Staates, der einem Censorenrate aus alten weisen Männern für seine Thaten und seine Verwaltung moralisch verantwortlich ist. Allerdings versuchten manche Kaiser, sich zu unumschränkten Despoten aufzuwerfen; aber diese Versuche wurden immer und immer wieder vom Volke abgewiesen. Man liefs keine Despotie aufkommen; die ursprüngliche demokratische Gentilverfassung blieb bestehen und bildet bis auf den heutigen Tag die Grundlage des chinesischen Staatsorganismus.

Die Familie ist die natürliche Unterlage der Gens oder des Clan. In der Familie ist der Hausvater der Herr und Gebieter;

neben ihm steht in beinahe gleichhohem Ansehen die Hausmutter, die, wenn sie ihren Gatten überlebt, dieselbe Achtung geniefst wie sie dieser genossen hat. Die elterliche Gewalt ist beinahe unumschränkt, auch die über die Kinder; Eltern können mit ihren Kindern, so lange diese nicht heiratsfähig sind, machen was sie wollen, sogar neugeborene aussetzen, gröfsere verkaufen, wenn es ihnen beliebt. Auch haben sie das Recht, die Töchter zu verheiraten, mit wem sie wollen.[1]) Diese patriarchalische Allgewalt ist aber nicht brutal, sondern meist moralisch, sie wird zudem etwas ergänzt durch einen Familienrat, dem sämtliche mündige männliche Familienglieder angehören. Die Mündigkeit fällt mit der Heiratsfähigkeit zusammen und wird zu einem bestimmten Termin öffentlich erklärt. Die Söhne der Familie bleiben, auch wenn sie verheiratet sind, samt ihrer Familie unter einem Dache mit den Eltern, ebenso die Enkel; erst wenn der Patriarch und seine Gattin gestorben sind, teilt sich das Ganze derart, dafs die Väter mit ihren Zugehörigen besondere Familien bilden. Alles Erworbene fliefst in eine gemeinsame Kasse, sowohl was auf dem Acker, als auch was durch Handel erworben ist; aus dieser Kasse erhält jedes Familienglied seinen auskömmlichen Unterhalt. So wird Übervorteilung und einseitige Anhäufung von Reichtum vermieden und damit der Grund zu Unzufriedenheit und Streit aus der Welt geschafft. Räudige Glieder der Familie, d. h. namentlich solche, die nicht arbeiten wollen, werden rücksichtslos — wenn sie unverbesserlich sind — ausgeschieden, alte, kranke und schwache unterhalten. Die Inzucht ist verboten; übrigens kann ein Mann mehrere Frauen besitzen.

Aus den Familien gleicher Abstammung setzt sich die Gens oder der Clan zusammen. Je nach dem Alter der Abstammung ist der Clan mehr oder minder umfangreich und zahlreich. Manchmal umfafst er blofs ein Dorf mit mehreren hundert Bewohnern

---

1) Die Heiratsfähigkeit beginnt in China sehr früh, für Mädchen mit der Geschlechtsreife, im 12. Lebensjahre. — Was die Kinderaussetzung betrifft, vergleiche das Kulturvolk der Spartaner, die alten Germanen u. s. w.

— die Familien verlassen wohl das Haus des Patriarchen, nicht aber die Ansiedelung —, manchmal viele Dörfer und Niederlassungen mit Tausenden von Köpfen. Die Organisation des Clans ähnelt der der Familie; er erscheint überhaupt als eine erweiterte Familie. Die Obmacht hat der älteste Patriarch, der zugleich Dorfschulze, oder, wenn der Clan gröfser, Bezirksvorsteher pflichtgemäfs nach dem Herkommen ist. Diesem steht der Stammesrat zur Seite. Auch der Clan hat eine gemeinsame Kasse, an die die Familien, bez. Dorfgemeinden ihre Abgaben zur Bestreitung der Kosten gemeinsamer Angelegenheiten entrichten müssen. Aufser dem Stammesrat, der seine Sitzungen öffentlich hält, giebt es aber noch einen Geheimen Rat, eine Art von Femgericht, das etwaige Machtübergriffe überwacht und straft. Diese Femgerichte sind unter der mantschurischen Fremdherrschaft zu für diese gefährlichen politischen Gesellschaften ausgewachsen, von denen wir noch verschiedentlich hören werden.

Aller Grund und Boden war ursprünglich Staatseigentum; erst mit dem Aufkommen der ersten erblichen Dynastie wurde der Privatgrundbesitz eingeführt, doch in der Form, dafs die Grundstücke den Clans als Lehen übertragen wurden. Die ganze chinesische innere Reichsgeschichte dreht sich jedoch um den Angelpunkt: Wiederherstellung der alten Agrarverfassung und um die Behauptung der demokratischen Gentilverfassung als Mittelding zwischen Sozialismus und Individualismus.

Der ersten Dynastie Hia (2207—1767) folgte die zweite, Schang (1767—1122), unter der das Reich sich noch nicht über den Jang-tse-kiang erstreckte. Aber unter ihr begannen bereits die Feudalfehden. Die Feudalherren waren, wie auch in der ältesten germanischen Erobererzeit, kühne Führer, die sich bei den Wanderungen und Landokkupationen hervorgethan hatten und gröfsere Bodenstrecken zu Nutzniefsungen erhielten. Das Bestreben der chinesischen Feudalherren ging nun, wie auch das jener im Abendlande, dahin, diese Lehen, die allmählich in ihrer Familie erblich wurden, zu ihrem Eigentume zu machen. Dies liefsen indes weder Kaiser noch Volk zu, und daraus entspannen sich die Kämpfe. Unter der dritten Dynastie, Tscheu (1122—255), bekamen schliefslich die Feudalherren derart das Übergewicht, dafs ihre Waffengewalt ganz China beherrschte. Das Reich zerfiel in eine Menge von kleinen Staaten, und der Kaiser behielt nur dem Namen nach die Oberhoheit. Das Volk seufzte unter den Leiden der Fürsten- und Junkertyrannei wie nachher die germanischen und romanischen Staaten des Mittelalters, und es schien des Elendes kein Ende zu werden.

Da erhob sich der zweite Herrscher der vierten Dynastie, Tsin (255—206), mit Namen Tsin-schi-hoang-ti, kürzer und bekannter Schi-hoang-ti, ein kriegerischer und administrativ tüchtiger Kaiser, einer der Kolossalmenschen der Weltgeschichte, wider den verderblichen Feudalismus. Unter furchtbaren Kämpfen zwang er den letzteren nieder und vernichtete ihn. Dann rottete er rücksichts- und schonungslos alles aus, was an die alte Zeit erinnerte; sogar die heiligen Bücher des Kong-fu-tse liefs er im Übereifer verbrennen, doch wurde deren Inhalt von gelehrten Leuten, die ihn auswendig wufsten, heimlich wieder aufgezeichnet. Gleichzeitig wandte dieser Kaiser die Waffen gegen die nördlichen Barbaren, die in der letzten Zeit der Wirrungen dem Reiche arg zugesetzt hatten und warf sie in ihre Wüsten zurück, worauf er den Bau der gewaltigen Mauer (Wan-li-tschang-tsching), jenes achten Weltwunders begann, die, sechstausend Li oder tausend geographische Meilen lang, das Reich gegen die erneuten Angriffe der Feinde schützen sollte. Wohlgefestigt hinterliess dieser fortschrittliche Geist, der angesehenste „Sohn des Himmels" in der altchinesischen Geschichte, den Staat seinen Nachkommen. Als sein Geschlecht bald nach seinem Tode erlosch, versuchte der Feudalismus abermals sein Haupt zu erheben; doch die kräftigen Herrscher der fünften Dynastie, Han (206 vor bis 263 nach Christo), warfen ihn vollends nieder und behaupteten nicht nur das Reich, sondern dehnten auch dessen Grenzen bis zu denjenigen des gleichzeitig bestehenden parthischen, dann sasanidisch-neupersischen Königreiches aus und traten sogar eine kurze Zeit lang zu dem römischen Weltreiche in Beziehung.

Die letzten Herrscher der Dynastie zeigten indes nicht die Kraft ihrer Vorgänger. So kam es, dafs die Wirren wieder überhand nahmen, die diesmal in den wirtschaftlichen Verhältnissen ihren Ursprung hatten. Unter der Dynastie Tsin, unter Schihoang-ti, war ein Edikt ergangen, das anordnete, die alte Güterverteilung sei aufzuheben, und jedermann dürfe soviel Land bebauen als er vermöge und als sein volles Eigentum abgrenzen; Verkauf oder anderweite Verfügung über dieses stand ihm frei. Das System wurde als sehr gut anerkannt und bestand mit Vorteil, so lange die Bevölkerungszahl noch beschränkt war. Allein bei den Unruhen nach dem Sturze der Dynastie Tsin und im Anfange der Dynastie Han wurde durch die Läufte des Bürgerkrieges eine Verarmung von Millionen herbeigeführt, die nun ihren Grundbesitz parzellieren und verkaufen mufsten. Anderseits kamen einzelne durch Ankauf grofser Grundstückskomplexe zu Reichtum und Macht und fingen an, auf die Minderbegüterten zu drücken und auch nach oben hin, gestützt auf ihren Besitz, widerspenstig zu werden. Das Mifsverhältnis zwischen reich und arm nahm in früher kaum gekannter Weise zu, und so gerieten endlich, am Ende der Han-Dynastie, die feindlichen Gewalten aufs erbittertste aneinander. Da die Kaiser völlig ohnmächtig waren, so achtete man auch ihrer wenig. Ein vierzigjähriger Krieg, verbunden mit der Spaltung Chinas in drei Reiche — 223—263 —, entspann sich, mit allen erdenklichen Greueln, welche die Bevölkerung von fünfzig auf acht Millionen reduzierten.

Die sechste Dynastie, Tzing (263—420), vereinigte die drei Reichsteile wieder. Aber alle Versuche, die heillosen Zustände in der Landesverteilung zu bessern, blieben vergeblich, und die sozialen Kämpfe dauerten auch unter den rasch aufeinander folgenden Dynastieen (siebente bis zehnte) Song (420—479), Tsi (479—502), Leang (502—537) und Tschin (537—589), fort. Dies benutzten die Tataren, brachen von Norden her ein und okkupierten die ganze nördliche Hälfte Chinas, wo sie hintereinander die Dynastieen Wei (386—550), Pe-tsi (550—587) und Heu-tscheu (557—581) stifteten. Der Fürst der letzteren Dynastie wurde von einem seiner

Vasallen gestürzt, worauf dieser gegen das Südreich zog, es eroberte und die elfte Dynastie, Sui (589—618), gründete. Auch sie hatte nur kurzen Bestand und machte schliefslich der zwölften, Tang (618—907), Platz.

Der zweite Herrscher dieser, wieder ein Kolossalmensch, Tai-tsong, wurde der Ordner der zerrütteten Verhältnisse. Er bezwang zunächst die aufrührerischen Vasallen, beschränkte ihre Macht und ihren Besitz, sich dabei aufs Volk stützend. Dann wandte er sich gegen die äufseren Feinde. Die Tataren wurden in einer blutigen Feldschlacht total geschlagen und bis in ihre Wüsten verfolgt; dann aber gewann Tai-tsong durch seine Milde die Herzen der besiegten wilden Feinde, so dafs sie ihn gar auf einer öffentlichen Versammlung als Oberherrn unter dem Namen Tien-khan (Himmelsfürst) anerkannten. Auch die Türken an der Westgrenze wurden zurechtgewiesen und die Tibetaner dem Reiche vorübergehend angegliedert. Nachdem Tai-tsong so die Reichsgrenzen und die innere Ordnung wiederhergestellt hatte, sorgte er für den Aufschwung von Handel und Verkehr, für die Blüte von Kunst, Wissenschaft und Litteratur durch alle möglichen Mittel, so dafs die Chinesen seine Regierungszeit als das Goldene Zeitalter preisen. Derselbe Kaiser legte auch den Grund zur Akademie Han-lin, die hundert Jahre später ausgestaltet wurde, um welche Zeit auch zum ersten Male die Pekinger Staatszeitung (offizieller Reichsanzeiger) erschien.

Um dieselbe Zeit, zwischen 754—760, brach noch einmal eine gewaltige innere Umwälzung los, die alle bestehende Ordnung umstürzte, die Zahl der Bevölkerung aber auch wiederum von fünfundvierzig auf neun Millionen herabbrachte. Mit Gewalt beseitigten die Chinesen damals alle Beschränkungen ihrer Bewegungsfreiheit. Die Vorrechte, die auf dem Ackerbau ruhten, wurden aufgehoben, Handel und Gewerbe für frei und gleichberechtigt erklärt und dem Verkehre neue Bahnen geschaffen. Die Standesrechte, von denen die gröfseren Herren eine ganze Reihe für sich in Anspruch nahmen, wurden abgeschafft und die Gleichheit vor dem Gesetze verkündigt. Eine neue Bodenverteilung und Steuereinschätzung nach dem Besitzstande wurde vorgenommen und dabei manches schreiende Mifsverhältnis beseitigt. Hundert Jahre später räumte man mit dem ausgearteten buddhistischen Klosterwesen auf, hob an fünftausend Klöster auf, zog ihre Besitzungen ein und schickte fast dreifsigtausend faulenzende Mönche und Nonnen an die Arbeit. Um diese Zeit entdeckten arabische Schiffer den Seeweg nach China und begannen auch sofort Handelsbeziehungen anzuknüpfen. Sie verbreiteten auch von Kanton aus den Islam ins Land hinein.

Die Herrscher der Tang-Dynastie nahmen ab wie die aller anderen, nachdem sie eine Zeit hindurch auf dem Throne gesessen hatten. Rasch aufeinander folgten von 907—960 fünf Dynastieen, die dreizehnte bis achtzehnte: Heu-leang (907—923), Heu-tang (923—936), Heu-tsin (936—947), Heu-han (947—950), und Heu-tscheu (950—960).[1]) Das bedeutete zugleich eine Zeit der Wirrnis und des Emporkommens der Statthaltergewalt. Erst die neunzehnte Dynastie, Sung (960—1279), brachte wieder Ordnung in die Staatsangelegenheiten. Die Macht der Gouverneure wurde gebrochen und ihnen das Recht der Urteilsfällung über Leben und Tod genommen. Die Anhäufung des Grofsgrundbesitzes erfuhr eine teilweise Paralysierung durch die Verpachtung der Kronländereien, d. h. derjenigen Grundstücke, die von der Staatsregierung angekauft, ererbt oder konfisziert worden waren und die man bisher an Arme als Eigentum verschenkt hatte. Bemerkenswert ist auch, dafs unter der Sung-Dynastie, in der zweiten Hälfte des elften Jahrhunderts, also um die Zeit, da in Europa der deutsche Kaiser Heinrich vor dem römischen Papste Gregor zu Canossa kniete, in China ein radikaler Kommunist, Wa-ngan-tsche, der mit seinen Reformplänen viel Anhang und viel Widerspruch gefunden hatte, Minister wurde. Allein seine kommunistischen Experimente mifsglückten wie in vielen ähnlichen Fällen, und so trat der „Reformer" bald wieder ab.

Nicht lange darauf bedrohte das Reich eine neue Tatarengefahr. Um 960, also zugleich mit der Thronbesteigung der

---

1) Heu bedeutet „später" oder „jünger".

Sung, gründeten die Kitan, ein verhältnismäfsig kultivierter Mongolenstamm, nördlich von China ein Reich, das, obwohl den Chinesen nicht freundlich, doch die streifenden wilden tatarischen Völker abhielt, ein Pufferstaat zwischen Kultur und Unkultur genannt werden konnte. Allein auf die Dauer vermochten die Kitan den tatarischen Angriffen nicht zu widerstehen. Anno 1115 wurde in einer grofsen Schlacht ihr Reich vernichtet, und an seine Stelle trat das der Niu-tschi, die sich mit dem Dynastienamen Kin nannten. Die Kin eroberten schon bald darauf die Provinzen Tschi-li und Schan-si, d. h. das Land bis zum Hoang-ho, und für den Rest des Reiches mufste der Beherrscher der Sung überdies einen Tribut bezahlen, was eine grimmige Feindschaft zwischen Chinesen und Niu-tschi säete.

Diese Feindschaft machte die Sung-Dynastie blind und taub gegen eine vernünftige Politik und führte sie ihrem Ende entgegen. Um den Anfang des dreizehnten Jahrhunderts nämlich war über die Steppenvölker der Mongolei ein gewaltiger Kriegsführer und Heerfürst aufgekommen, Temudschin genannt, den zuletzt, seiner Erfolge halber, sämtliche Horden als Tschingiskhan, d. h. obersten Herrn anerkannten. Le succès justifie tout, dies napoleonische Wort wendeten, da sie den succès des Temudschin sahen, die Mongolenstämme auf sich an, als sie ihre heilig gehaltene Unabhängigkeit dem Despotismus des Mannes opferten, der ihnen versprach, sie zur Eroberung der Welt hinauszuführen. Der Tschingiskhan begann alsbald mit seinen Angriffen auf die türkischen und tatarischen Reiche. Dasjenige der Kin scheint ungemein fest gefügt gewesen zu sein; denn obschon der Grofskhan vier Feldzüge (1211, 1213, 1215 und 1220) gegen dies Reich unternahm und nach Einnahme der Chinesischen Mauer bis zum Hoang-ho vordrang, konnte er es nicht unterwerfen. Sein Nachfolger, der Grofskhan Ogotai, wälzte 1232 eine zahllose Heeresmenge zu erneutem Angriffe herbei und nahm die Kin-Hauptstadt Kai-fung nach furchtbarem Widerstande ein. Nun liefsen sich die Sung herbei, sich mit den Mongolen zum Sturze der verhafsten Kin-Dynastie zu verbinden, und so ging, von zwei Seiten angegriffen, nach dem heldenmütigsten Verzweiflungskampfe der letzteren Reich unter, 1234. Die Niu-tschi, die nicht vernichtet wurden, flohen in die Gegenden nordöstlich vom gelben Meere, wo wir sie nachher unter anderem Namen, als Man-tschu antreffen.[1)]

Aber was von der mongolischen Freundschaft für die Sung zu hoffen war, zeigte sofort der Umstand, daſs die landgierigen Sieger nicht nur das Kin-Reich, sondern mit ihm auch Teile des Sung-Gebietes an sich rissen. Die folgenden Groſskhane, Kajuk und Mengu, hielten noch leidlich Frieden; als aber der erobernde Kublai zur Regierung kam, begann er sofort den Krieg gegen die Sung, der mit geringen Unterbrechungen zwanzig Jahre lang (1259 bis 1279) dauerte. Südchina wurde zu Wasser und zu Lande angegriffen; aber heldisch widerstanden die Sung-Kaiser dem Eroberer, Schritt für Schritt wichen sie vor ihm zurück. Ti-ping, der letzte seines Stammes, warf sich am Ende, nach einer furchtbaren Mordschlacht, nach Kanton hinein und widerstand hier noch lange Zeit. Endlich, als alles verloren war, stürzte er sich, das Beispiel anderer gefallener Gröſsen nachahmend, mit seiner gesamten Familie ins Wasser.

So endete die Sung-Dynastie, und so kam China zum ersten Male völlig in die Gewalt eines fremden Eroberervolkes, nachdem wiederum die Hälfte seiner Bevölkerung, an fünfzig Millionen, vernichtet worden war.

3.

Kublai, den die Chinesen Schi-tsu nennen, begründete eine neue Dynastie, Juen mit Namen, die zwanzigste, die von 1279 bis 1368 herrschte. Er gab dem Reiche eine noch weitere Ausdehnung, indem er Tibet und Ostturkestan und im Süden Barma unterwarf. Seine Residenz nahm er zu Kambalu, wo er ein glanzvolles Hoflager errichtete. Über Leben und Regierung dieses mächtigen Weltherrschers sind wir bekanntlich gut unterrichtet durch die Beschreibungen und Erzählungen des Venezianers Marco Polo, der sich fast zwei Jahrzehnte hindurch in der Umgebung, oder

---

1) Die Schreibweise Mantschu ist besser als Mandschu.

doch im Dienste des Grofskhans befand. Kublai war ein aufgeklärter und in seiner Weise toleranter Herrscher. Er erkannte die Macht der chinesischen Kultur an und zog aus der heldenmütigen Verteidigung und der zähen Widerstandskraft des unterworfenen Volkes seine Schlüsse mit grofser Richtigkeit. So bequemte er sich und die Seinen den chinesischen Einrichtungen an, veränderte diese nicht, sondern baute sie aus und regierte im allgemeinen milde und gerecht. Er achtete die Nationalität und stützte dadurch sein Regiment. Zugleich sorgte er für die Wiederherstellung von Handel, Verkehr und Landwirtschaft und förderte sie durch grofsartige Anlagen von Strafsen und Kanälen, unter welch letzteren der grofse Kaiserkanal zu nennen ist, der unter ihm begonnen wurde. Auch pflegte er Kunst, Wissenschaft und Litteratur auf alle mögliche Art und öffnete sein Reich den Fremden, falls diese ihm Nutzen brachten. Allein bei alledem ging ihm doch das tiefere Verständnis für chinesisches Volksleben und Wirtschaftswesen ab. Er blieb eben ein Barbarenherrscher unter fremden Unterthanen, wie es seinerzeit Dietrich der Grofse unter den Romanen geblieben war.

Seine Nachfolger, die nicht entfernt den Geist des grofsen Ahnen besafsen, konnten natürlich noch weniger in China Wurzel fassen. Dazu kam, dafs sie stets mit unzufriedenen, rebellischen Familiengliedern zu kämpfen hatten und so sich selbst schwächten. Die mongolischen Volksteile vermochten sich so wenig wie die Herrscher den Chinesen zu assimilieren und standen isoliert da. Da ermannten sich nach etwa drei Menschenaltern die letzteren. Ein kühner, tapferer Bauer, Namens Tschu-juen-tschang, trat an die Spitze einer Rebellion, die sich im Umsehen über das ganze Reich verbreitete. Wie ein Mann brachen die Chinesen los und hatten raschen Erfolg. Die Mongolen wurden verjagt, und ihr letzter Kaiser, Togon-Timur (Schun-ti), floh mit den zusammengerafften Resten seines Volkes in die Steppen der Schamo, wo sein Sohn das Reich der Kalka-Mongolen stiftete.

Tschu-juen-tschang wurde von dem dankbaren Volke zum Kaiser erhoben, nannte sich als solcher Hong-wu und Tai-tsu und begründete die einundzwanzigste Dynastie, Ming genannt (1368 bis 1644), eine der tüchtigsten, die je in China herrschte. Die weitere Bekämpfung der Mongolen und die Rückeroberung von Kan-su, Schen-si, Schan-si, Sze-tschwan und Jün-nan überliefs der neue Herrscher seinen tapferen Feldherrn, für die er in Nanking, der neuen Reichshauptstadt, eine Ruhmeshalle errichtete, um dadurch ihre Verdienste im Befreiungskriege (vgl. Ludwig I. von Baiern und seine Ruhmeshallen) zu verewigen, das einzige derartige Denkmal, das wir in China antreffen.[1]) Dann widmete er sich mit aller Kraft der Reform des Staats- und Wirtschaftswesens, in der er dann auch wahrhaft grofsartig war.

Die Bestrebungen des grofsen Hong-wu gingen also auf dreierlei hinaus, auf Säuberung des Landes von den Fremden, auf Wiederherstellung des alten Verwaltungssystems und auf die Stärkung der wirtschaftlichen Macht seines Volkes. Das erste hat er im Laufe seiner dreifsigjährigen Regierung vollkommen erreicht. Die Mongolen wagten es nicht mehr, an Wiedererlangung ihrer früheren Macht zu denken; die nicht Unterworfenen und diejenigen, die sich nicht in die neuen Verhältnisse schicken wollten, wurden aus dem Lande geschafft.

Das zweite, die Wiederherstellung des alten Verwaltungssystems, wurde nicht minder strikt durchgeführt. Den kostspieligen Hofhalt, den sich die Juen-Herrscher gestattet hatten, hob Hongwu auf, schränkte die Hofausgaben bedeutend ein, entliefs den Harem und vereinfachte auch das Hofceremoniell. Die Verlegung der Residenz von Pe-king nach Nan-king bedeutete auch äufserlich den Bruch mit dem bisherigen System. Die Mongolen hatten im ganzen Lande eine militärische Verwaltung eingeführt; alle Beamten waren Soldaten, was dem Chinesenvolke fremd und verhafst war. Darum trennte Hong-wu Militär- und Civilstellen und entfernte alle Soldaten aus den letzteren; nur gelernte Civilbeamte sollten solche inne haben. Zu diesem Zwecke wurde die frühere

---

1) Hong-wus Sohn Jung-lo verlegte allerdings den Regierungssitz nach Kambalu zurück, das seitdem Pe-king (nördliche Residenz) im Gegensatze zu Nan-king (südliche Residenz) hiefs.

Art und Weise der Beamtenbildung wieder eingerichtet, eine Reihe von aufeinandergebauten Schulsystemen geschaffen, die von der wiederbelebten Akademie Han-lin gekrönt wurden. Einem jeden Befähigten stand der Weg zur Staatscarriere offen, und so kam es, daſs der Beamtenstand durch seine Tüchtigkeit hochangesehen und es eine Ehre wurde, ihm anzugehören. Auch für die Volkserziehung that Hong-wu viel, gründete eine Menge neuer Volksschulen und sorgte namentlich für Waisenpflege; dazu legte er an vielen Orten Volksbibliotheken an. Die Reform der Gesetzgebung, die er vornehmen lieſs, kam erst unter seinem zweiten Nachfolger in dem gewaltigen Werke der Pandekten des Jung-lo zum Abschlusse.

Auch die administrative Einteilung des groſsen Reiches, wie sie noch heute unter der mantschurischen Fremdherrschaft besteht, ist von Hong-wu geschaffen worden. China wurde in Provinzen eingeteilt, diese wieder in Bezirke (fu), Distrikte (tschen), Kreise (hien) und Gemeinden (jang). Die Verwaltung all dieser Einheiten wurde demokratisch-autonom eingerichtet; die Gemeinsamkeit des versammelten Volkes wählte die Vorsteher oder Räte, und aus diesen gingen durch engere Wahl die leitenden Beamten hervor, denen die Regierungsbeamten als kontrollierende Behörde neben-, bez. übergeordnet wurden.

Das dritte, die Hebung der wirtschaftlichen Kraft des Landes, bewirkte Hong-wu durch eine Umgestaltung der Agrarverfassung. Man unterschied hinfort bezüglich des Besitzstandes zwischen Adel, oder besser bevorrechtetem Stande, und Volk. Unter den Mitgliedern des letzteren durfte hinfort niemand mehr als hundert Mou (sechzig Hektare) Ackerlandes besitzen. Aller übrige Boden fiel der Regierung zu, die daraus, wie es bereits unter der Sung-Dynastie angebahnt worden war, Kronländereien schuf und diese verpachtete. Die Inhaber solcher Pachtgrundstücke konnten diese selbst also nie veräuſsern, dagegen wohl das Nutzungsrecht daran. Damit aber kein Raubbau stattfände, wurden strenge Gesetze in dieser Hinsicht gegeben und die Pächter für die rationelle Bewirtschaftung ihrer Grundstücke verantwortlich gemacht. Gegen elementare Schäden erfand die Regierung zu deren Linderung das System der Vorratshäuser (Korn- und Reisspeicher), aus denen in Zeiten der Not dem Volke Unterstützungen geleistet wurden.

Als allgemeine Steuer wurde die Grundsteuer eingeführt. Sie bestand in Abgabe von Naturalien (Zins- oder Tributkorn) und Geld; letztere wurde nur von den Ländereien des Eigenbesitzes, nicht von den Kronländereien und den Grundstücken des Adels und der Beamten entrichtet und zwar stufengemäfs, nach der Gröfse des Einkommens. Man will berechnet haben, dafs sie heute pro Kopf durchschnittlich drei Mark beträgt.

Die auf den grofsen Stifter der Dynastie folgenden Ming-Kaiser waren fast sämtlich rühmliche Regenten und rechtfertigten den Namen der Dynastie, der Glanz bedeutet. Unter ihnen begannen auch die Europäer mit den Chinesen in Berührung zu treten. Die damals seegewaltigen Portugiesen kamen von Indien herüber, seit 1522, und es gelang ihnen, auf dem Inselchen Macao unweit Kantons festen Fufs zu fassen. Um dieselbe Zeit versuchten auch die Spanier in China einzudringen, was ihnen aber nicht geriet. Ebenso wurden die Holländer 1604 abgewiesen, worauf sie sich in Japan festsetzten und mit besserem Glücke behaupteten. Anno 1583 brachte der Jesuit Matteo Ricci das Christentum nach China, worauf auch andere Missionare ihre mehr oder minder erfolgreiche Thätigkeit begannen.

Die letzten Ming-Kaiser traten aus den Spuren ihrer Ahnen und besafsen infolgedessen nicht mehr das Ansehen im Volke wie diese. Auch gerieten sie von aufsen her in Bedrängnis. Es waren in den Jahren 1594 bis 1598 die Japaner, die, wie neuerdings, erobernd auf dem asiatischen Kontinente auftraten; Korea bildete den Zankapfel zwischen China und Japan. Allein in blutigen Schlachten wurden die Insulaner wieder vertrieben, nicht ohne dafs diese Kämpfe der Ming-Dynastie einen heftigen Stofs versetzten. Eine weit gröfsere Gefahr drohte aber von Norden her. Dort hatten sich die Reste der Niu-tschi wieder gesammelt und unter dem einheimischen Namen Mantschu als Volk konsolidiert. Zu Anfang des siebzehnten Jahrhunderts warf sich der tüchtige Fürst Noorha-tschu zum Oberherrn auf und gründete ein eigenes Reich mit der Hauptstadt Mukden. Sofort begann er seine Angriffe auf China. Die Chinesen, deren Volksinteressen die letzten Ming-Kaiser nicht mehr vertraten, setzten für diese ihrerseits nichts ein, wie sie überhaupt nie für einzelne Herrscher Gut und Blut hergaben. Ja, es kam gar dahin, daſs ein Bauer aus Schan-si, Namens Litse-tsching, sich empörte und den letzten Herrscher der Ming, Hoai-tsong, in Pe-king belagerte. Als dieser sich nicht mehr retten konnte, beging er Selbstmord, worauf der Empörer die Ming-Familie, soweit er deren Glieder habhaft werden konnte, ausrottete (1644). Diese Tyrannei widerstrebte dem tüchtigen Feldherrn Wu-san-kwei, der gegen die Mantschu im Felde stand, so daſs er lieber mit den Feinden paktierte und deren Herrscherfamilie auf den Thron zu heben beschloſs, weil sie tüchtige Leute aufwies. Binnen zwei Jahren hatten denn auch die Mantschu den gröſsten Teil Chinas erobert und den Widerstand, der von den zerstreut sich erhebenden Ming-Prinzen ausging, bewältigt.

Die neue, fremde Dynastie — zum andern Male war's, daſs eine solche ganz China beherrschte —, die zweiundzwanzigste, nannte sich Tsing. Schun-tschi (1644—1662) war ihr erster Kaiser; er bequemte sich mit seinem Volke den Einrichtungen des unterworfenen Volkes an und erhielt sich dadurch im Herrscheramte. Nur eines muſsten die Chinesen annehmen, die Haartracht, den Zopf der Mantschu. Unter Schun-tschi bekam der Pater der Gesellschaft Jesu, Adam Schall aus Köln, bedeutenden Einfluſs; unter seinem Beirate wurde der Groſse Rat, als Zwischenbehörde zwischen Kaiser und Beamten, eingesetzt, aus zwei Mantschu und zwei Chinesen bestehend. Auch trat Kaiser Schun-tschi zum ersten Male in friedlichen Verkehr mit den Russen, die bereits damals Sibirien in Besitz genommen hatten und Chinas Nachbarn geworden waren.

Ungleich gröſser war sein Sohn Kang-hi (1662—1722). Er räumte die Einrichtung des Eunuchenregiments hinweg, bezwang den groſsen Aufruhr des Wu-san-kwei, der zu groſser Macht gelangt war und sich dem neuen Herrn nicht fügen wollte. Ferner bekämpfte er die stets unruhigen Kalka-Mongolen mit Glück und blieb auch in einem Feldzuge gegen die Russen, der mit einem Vertrage (1689) schloſs, siegreich. Kang-hi benahm sich gegen die Europäer freundlich, gestattete ihnen, sich in Kanton dauernd niederzulassen und sich im übrigen Reiche aufzuhalten. Er begünstigte die Mission der Jesuiten und wurde als groſser Freund der Wissenschaften der Schüler jener in Mathematik, Geographie und Astronomie. Mit dem Chinesenvolke stand er auf auſserordentlich gutem Fuſse, da er die bewährten Einrichtungen, die unter den Ming geschaffen worden waren, nicht antastete.

Jung-tsching (1722—1735), Kang-his Sohn, fuhr nicht auf den Wegen seines groſsen Vaters fort. Er stellte sich feindlich gegen die Fremden und untersagte den jesuitischen Missionaren, die zuviel in die inneren Angelegenheiten des Reiches eingegriffen hatten, die Thätigkeit. Ebenso benahm sich der folgende Kaiser Kien-lung (1735—1796), der gröſste und mächtigste Monarch der mantschurischen Tsing-Dynastie und einer der bedeutendsten orientalischen Herrscher überhaupt. Er ging sogar noch weiter und ließ, als sich das Volk gegen die spanischen Missionare erhob, die letzteren verfolgen und hinrichten. Erst gegen Ende seiner Regierung nahm er die Christen wieder zu Gnaden an. Kien-lung war es auch, der den ewigen Räubereien der Mongolen ein Ende machte, was bisher keinem chinesischen Herrscher jemals gelungen war. Überzeugt davon, daſs nur dauernde Unterwerfung der nordwestlichen Steppenvölker dem Unwesen abhelfen könne, begann er den jahrelangen blutigen und beschwerlichen Krieg, der mit der Einverleibung sämtlicher tatarischer und türkischer Reiche und Völker bis zum Pamir und Altai endete und China im Norden und Westen die Grenzen von heute gab. Ebenso beugte er Tibet, wo die weltliche Dynastie entthront wurde, seiner Herrschaft, bis zum Himalaya, und es erkannten die wilden Miau-tse-Stämme seine Oberhoheit an, nach langem, bedrohlichem Ringen, wie auch die Eingeborenen von Formosa, die von Kang-hi bezwungen, aber immer wieder aufgestanden waren, sich fügten. Dagegen konnte das eroberte Barma nicht behauptet werden. Kien-lung war aber auch ein

Förderer des Volkswohlstandes und von Kunst und Wissenschaft, selbst hervorragender Dichter und Schriftsteller, besonders auf historischem Gebiete.

Sein Sohn Kia-king (1796—1820) und sein Enkel Mianning oder Tao-kwang (1820—1850) bildeten den geraden Gegensatz zu ihm. Schwache Weichlinge, vergruben sie sich in ihrem Palaste, liefsen die Beamten (Mandarinen) nach ihrem Gutdünken schalten und walten, wodurch binnen kurzem ein System der Bedrückung und Bestechlichkeit entstand, dafs das gepeinigte Chinesenvolk zum Himmel schrie, es von den tatarischen Drängern zu befreien. Die Bevölkerung begann zu verarmen, und die Vermögenslosen versanken in Sklaverei.

Nun regten sich allenthalben die Gewalten der Opposition. Von 1796—1806 revoltierten die Miau-tse; von 1806—1813 wütete eine furchtbare Empörung, die Seerebellion, in Fo-kien und Kwang-tung. Nur durch entsetzliche Massenmetzeleien gelang es den Mantschu, der Bewegung Herr zu werden. Daneben bildeten die Anhänger der alten einheimischen Ming-Dynastie ihre über ganz Südchina ausgedehnten Geheimverbindungen unter den verschiedensten Bezeichnungen, unter denen der Dreifaltigkeits- oder Triadenbund, chinesisch San-ho-hwui, logenartig verbreitet war. Als drittes Element traten hinzu die Seeräuber des Südens, die sich aus allen Landflüchtigen und Geächteten rekrutierten. Alles war unterminiert und reif zur Revolution.

Dazu kam die Schwäche, welche die tatarische Regierung den Europäern gegenüber bewies. Unter Kien-lung waren letztere nur geduldet und wagten es nicht, bedeutende Prätensionen zu machen. Nun wurde das anders. Allmählich drängten sich besonders die Engländer vor und wufsten den Chinesen die Abnahme ihres Opiums aus Indien, dessen Genufs der Chinese mit Leidenschaft ergeben ist, mit Gewalt aufzuzwingen. Die mantschurischen Behörden sträubten sich lange; endlich gestatteten sie, bestochen, gegen hohen Zoll, der natürlich ihren Kassen zu gute kam, den heimlichen Handel mit Opium in Kanton. Die Schmuggelei wurde jedoch zuletzt so arg, dafs sie nicht mehr verborgen bleiben konnte;

die Regierung, welche die Demoralisierung, geistige wie körperliche, die durch Handel und Genufs entstand, mit Schrecken bemerkte, konfiszierte 1839 alle Opiumvorräte und schickte sich an, die Engländer ganz aus dem Lande zu vertreiben. Darauf antworteten diese kriegerisch. In zwei Feldzügen (1840—1842) besiegt, mufsten die Chinesen eine hohe Kriegsentschädigung zahlen, die Insel Hong-kong an England abtreten, ferner die fünf Häfen Kanton, Amoy, Fu-tscheu, Ning-po und Schang-hai dem Handel öffnen und englische Konsuln dort dulden.

Aber unterdes hatte sich im Reiche der Mitte selbst die grofsartigste Umsturzbewegung vorbereitet.

4.

Es war im Jahre 1813, also damals, als im fernen Westen, weit vom grofsen Reiche der Mitte, in Europa, dem Erdteile der „rothaarigen Barbaren" die Völker gegen die Tyrannei des grofsen Weltbezwingers, des modernen Temudschin und Timur, sich aufbäumten und sie zertrümmerten. Da wurde einem chinesischen Bauern in einem kleinen Dorfe im Hwa-Distrikt, in der Nähe von Kwang-tung, ein Sohn geboren. Das war Hung-siu-tschuen (auch Hung-siu-tsiuen), der als Mann die grofse Staatsumwälzung in China bewirken sollte.

Die Voreltern Hungs waren chinesische Vornehme gewesen, die 1685, als der mächtige Mantschu-Kaiser Kang-hi regierte, aus dem Nordteile der grofsen Provinz Kwang-tung nach der Meeresküste gewandert waren, um der Bedrückung durch die tatarische Mandarinenschaft zu entgehen; sie waren nur einige von vielen, die gleicherweise verfuhren. Die ganze Bevölkerung der Seeküste wurde damals von solchen aus dem Norden gekommenen Wanderern durchsetzt. Man nannte diese Hak-ka (Ansiedler), während die bereits Sefshaften Pun-ti (Eingeborene) hiefsen. Die bekannte chinesische Fruchtbarkeit liefs den Hung-Clan binnen fünf Generationen auf etwa zwanzigtausend Köpfe anwachsen; die unmittelbare Verwandtschaft des Reformators betrug in dessen Geburtsdorfe etwa sechshundert, die alle unter der unmittelbaren Autorität von

Hungs Vater standen, welcher das Amt eines Patriarchen (Schulzen) bekleidete. —

Als später die Rebellion der Tai-ping ausgebrochen war, hatte die Rache der Mantschu natürlich nichts Eiligeres zu thun, als die gesamte Einwohnerschaft jenes Dorfes abzuschlachten und dieses selbst völlig zu vertilgen. Dies vorausgenommen. —

Familie Hung, welche die im Reiche der Mitte vornehme — bei den Chinesen wenigstens als vornehm betrachtete — Beschäftigung mit dem Ackerbau betrieb, konnte aber auch berühmte Vorfahren aufweisen. Nach der Tradition des Hauses, die in China wahr und heilig gehalten wird, bekleideten verschiedene Mitglieder in der Zeit von ca. 1000—1650, d. h. also unter den Dynastieen Sung, Juen und Ming, angesehene Würdenstellen, politische und litterarische. Unter den Sung war einer von ihnen Staatsminister gewesen; ein Zweig war sogar an die Ming-Dynastie angeheiratet und ein Glied davon als Generalissimus des Nordheeres 1640 gegen die Mantschu gefallen.

Kein Wunder also, dafs die Hung stolz waren auf ihre Ahnen, deren Andenken sie in chinesischer Pietät verehrten. Kein Wunder auch, dafs sie die Mantschu-Dynastie tödlich hafsten, vor deren Regiment sie die Flucht ergriffen hatten, der sie aber schliefslich nicht hatten entgehen können, auch nicht am Ufer des Meeres.

Sie bebauten in Kwang-tung also ruhig den Boden, immer im Gedenken vergangener und hoffentlich künftiger besserer Zeiten. Auch der kleine Hung mufste sich an das einfache Leben seiner Familie gewöhnen. Unter Bauern wuchs er auf, bei harter Arbeit. Daher der Spitzname, den ihm nachher die Mandarinen gaben, Kuli-wang, „Bauernkönig".

Es ist das merkwürdig bei allen Heilanden und solchen, die so heifsen wollen (wenn wir von Buddha, dem Königssohne von Kapilawastu absehen), dafs sie ihre Jugend in Armut und Unbekanntsein zubrachten. Auch dafs sie später darunter vielfach zu leiden hatten. Jesus von Nazareth wurde von den Pharisäern und Schriftgelehrten als Zimmermannssohn verspottet, Muhamed von den Kureischiten als Kameltreiber verhöhnt. So von oben herab blickten auch die mantschurischen Würdenträger in unbegrenztem Hochmutsdünkel auf Hung, selbst zu einer Zeit, da der „Sohn des Himmels" vor dem Schwerte des „Bauernkönigs" zitterte.

Der kleine Hung kam 1820, sieben Jahre alt, in die Schule seines Dorfes. Ein heller, wißbegieriger Kopf, nahm er soviel Kenntnisse in sich auf, als er fassen oder sein Dorfschulmeister ihm mitteilen konnte. Nebenher begeisterte er sich an den Thaten seiner berühmten Vorfahren und bestrebte sich, ihnen nachzueifern. Hung ist einer von jenen Wurzelnaturen gewesen, die treiben, wachsen, blühen und Frucht bringen müssen. So sehr man sagt, und zwar mit Recht, der Mensch sei ein Produkt seiner Verhältnisse, so sehr muß man anderseits wieder zugeben, daß auch Menschen erstehen, die bis zu einem gewissen Grade die Verhältnisse sich unterordnen, sich zu deren Herrn machen. Sie sind gewöhnlich idealpolitisch veranlagt, verstehen aber auch realpolitisch zu verfahren. Bei dem idealen Schwunge ihres Genius verlieren sie doch nie den realen Boden unter den Füßen. Sie überwinden durch diesen Dualismus der psychischen Thätigkeit die größten Hindernisse und behalten bei stetem ernsten Wollen auch die Richtung auf das gesteckte Ziel immerwährend inne.

Es sind Dämonen, und ob ihr Wollen ein ethisches oder nicht ethisches Ziel hat, — es zeugt immer von Erhabenheit, wenn ein Agathodämon oder Kakodämon mit Macht imponierend auftritt. Vor der Sittlichkeit kann allerdings nur die erstere Art von Wollen bestehen; die Erreichung des Zieles hängt dagegen nicht von ihr, sondern vom Schicksal ab.

Solch ein Dämon war auch unser Hung; er hatte das Zeug zu einem Menschenheilande in sich.

Zunächst verspürte er allerdings nur einen unbestimmten Drang im Innern, der ihm das Excelsior! zurief. Leider aber fehlten ihm die Mittel, auf der Leiter des Glückes emporzukommen. Mit sechzehn Jahren, anno 1829, mußte er die Schule verlassen; sein Vater hatte kein Geld, ihn weiter lernen zu lassen.

Da erhielt er von anderer Seite Hilfe. Ein Student, der ihn kennen lernte und an dem strebsamen und hochbegabten jungen

Manne Gefallen fand, wählte ihn zu seinem Genossen und teilte ihm von seinem Wissensschatze mit. Wenn der alte Jean Jacques Rousseau noch gelebt hätte, so würde er hier zwischen dem jungen Hung und dem Studenten ein praktisches Verhältnis in der Weise wie er es theoretisch zwischen seinem Emil und dessen Hofmeister gefordert hat, entdeckt haben. Hung lernte ungemein viel von seinem Freunde, das hat er später selbst eingestanden; leider trennte beide das Geschick bald, und sie sind sich später nicht mehr begegnet. Hung reizte es, seine Gelehrsamkeit bald praktisch zu verwerten; mit achtzehn Jahren (1831) wurde er Lehrer an der Schule seines Dorfes. Nebenher aber studierte er fleifsig weiter für sich.

Sein Ehrgeiz trieb ihn, das grofse Staatsexamen zu machen. Er wufste aber, dafs dies nur auf dem vorgeschriebenen Wege und unter unsäglichen Schwierigkeiten geschehen konnte. Wie im Reiche der Mitte Europas mancher Autodidakt mit ernstem Streben und gediegenem Wissen beim Emporklimmen zum wissenschaftlichen Amte und zur akademischen Würde oft zurückstehen mufs gegen manchen studentischen Bummler, der aber den schriftlichen Nachweis seines Trienniums beibringen kann, so auch im Reiche der Mitte Asiens. Wir haben ja in dieser Beziehung noch an einem akademischen Chinesenzopfe zu schleppen, der mindestens ebenso lang und schwer ist wie der jener östlichen Männer der Wissenschaft. Weitere Vergleiche will ich mir ersparen. Kurz und gut: unser Hung mufste sich entschliefsen, all die Stufen, welche die chinesisch-mantschurische Zopfgelehrtenwissenschaft für den akademischen Zünftler errichtet hatte, zu erklettern.

Er verfügte sich zunächst nach der Provinzhauptstadt Kwangtung, oder wie sie unter ihrem altportugiesischen Namen — die Portugiesen besuchten sie zuerst — besser bekannt ist: Kanton. Kanton war für den Bauernburschen eine neue Welt. Man denke sich einen westerwälder oder masurischen Bauern urplötzlich aus seiner einsamen bergischen oder Heideheimat ins Spreebabel Berlin versetzt. Hung hat in Kanton das chinesische Humangymnasium — wenn wir diese Bezeichnung einmal mit Rücksicht auf unsere fast gleichartigen Verhältnisse brauchen sollen — besucht und ist ohne Zweifel fleifsig gewesen, sehr fleifsig. Aber neben der Vermehrung seines theoretischen Wissens machte er hier auch stark in praktischer Erfahrung. Und mannigfach war diese. Kanton mit damals schon etwa einer Million Einwohner war und ist ja heute noch die Zentrale des Verkehrs von ganz Südwestchina. Die Chinesen hatten sie wie die vier übrigen Freihäfen 1842 allen Europäern geöffnet, um die Engländer nicht in den Alleinbesitz des Handels kommen zu lassen. Die einheimische Bevölkerung sitzt zu beiden Seiten des gewaltigen Kwang-tung-Flusses so dicht zusammen, dafs es ihr oft auf dem Lande an Raum gebricht. Da haben bekanntlich die findigen Zopfmänner das Mittel erklügelt, ihre Bambushütten auf beweglichen Rosten auf dem Flusse selbst aufzuschlagen, und, je nachdem ihre Beschäftigung oder deren Ort wechselt, lassen sie die schwimmenden Wohnungen dahin treiben und dort ankern, wo es ihnen beliebt. So ist die Bezeichnung „asiatisches Venedig" für Kanton recht zutreffend. Aber auch in anderer Beziehung gleicht es der europäischen Lagunenstadt von früher. Nicht nur Chinesen, sondern auch Malaien, Inder, Araber, Afrikaner und Europäer, unter letzteren besonders die überall rasch eingenisteten Briten, drängen sich hier durcheinander, ein internationales Kunterbunt. Erwerb! heifst die Losung all dieser Leute, auf ehrliche oder unehrliche Weise, einerlei, — nur Erwerb! Baumwolle, Seide, Thee und Opium bilden die Haupthandelsgegenstände. Betrug und Spitzbüberei herrscht in den Bazaren und Kontoren im geheimen, so gut wie draufsen offen die grofsartigste Piraterie, ausgeübt durch Hunderte von Seeräuber-Dschunken. Es gehört deshalb gewissermafsen zu den Circenses, den Volksbelustigungen der Kantonesen, dafs in gewissen Zeiträumen der Statthalter-Vizekönig so und soviel ertappten Piraten öffentlich und feierlich die Köpfe springen läfst, und die Henker sind angesehene Gevattern, mehr als jener, den die Tradition dem weiland römischen und böhmischen König Wenzeslaus andichten will.

Dieses Kaleidoskop, das die internationale Durchdringung den Blicken darbietet, wird aber auch noch in anderer Weise vervollkommnet. Wie das soziale Leben die mannigfachsten Widersprüche zeigt — hier die bitterste Armut, die Kindesmord und Kinderverkauf als ganz natürliche Mittel zur Sicherung der eigenen Existenz anwendet, dort die kolossale Anhäufung des Reichtums der Thee- und Seidekönige, die mit ihren Prunkpalästen und Prunkfesten glänzen —, so walten auch die Gegensätze in ethischer und religiöser Hinsicht. Wo viele Menschen von verschiedener Stammesart und Sinnesrichtung zusammenströmen, herrscht auch das Laster; Kanton, Venedig, London, Hamburg und andere Metropolen des Verkehrs bezeugen es. Die Boot- oder Blumenmädchen, die gefälligen, kleinen, hellgelb-braunen, mit dunklen Haaren und schwarzen Feueraugen, und die Sängerinnen der Tingeltangel, zu Tausenden stehen sie im Dienste der Venus vulgivaga. Unzählig sind die Orgien, die beim Scheine der bunten Papierlaternen hinter den dünnen Bambuswänden gefeiert werden und Sang, Suff und Spiel, die edle Trias, thun das übrige, um den Ruin der Existenzen zu vervollkommnen. Mit dieser ethischen Indifferenz geht die religiöse Hand in Hand. Da erhebt sich der Tempel des Fo (des chinesischen Buddha) mit seinem riesigen, fratzenhaften Götzenbilde und seiner himmelhohen Pagode neben dem Minaret und der Moscheenkuppel, neben dem Bethause der Bekenner des Kong-fu-tse und des Lao-tse; da predigt der christliche Missionar seine Lehre in der katholischen oder anglikanischen Form, offen oder geheim, je nachdem die Volksstimmung vorwaltet, oder er mehr oder minder Neigung verspürt, Märtyrer zu werden.

Und noch ein anderes mußte dem aufmerksamen Beschauer auffallen: die chinesische Beamtenwirtschaft. Vom Vizekönig herab bis auf den geringsten Mantschu-Mandarin ein Bestreben: möglichst viel Vermögen in die eigene Tasche zu befördern. Der Vizekönig zahlte seinen Beamten nur wenig Gehalt. Diese waren daher bestrebt, so viel Geld als anging aus dem armen Volke herauszupressen. Aufserdem waren Bestechungen und Unterschlagungen offenkundig an der Tagesordnung, und alles, alles mußte der Unterthan aus seinem Säckel leisten. Es herrschte ein Bedrückungs- und Aussaugesystem, bei welchem nur wenige tausend Vampyre

Hunderttausenden von wahren Viehexistenzen auf dem Nacken safsen. Die französischen Zustände vor der grofsen Revolution bieten einigermafsen Vergleichungspunkte mit diesen chinesischen Verhältnissen, nur mit dem Unterschiede, dafs das Chinesenvolk noch viel mehr Lammsgeduld besafs als das französische, weil es ja im allgemeinen phlegmatisch, oder wenigstens nicht so cholerisch wie letzteres ist; — waren und sind doch obendrein die Tataren nicht einmal die „angestammten Herrscher". Es kam so weit, dafs Tausende von Zahlungsunfähigen sich für ihre Familie in Knechtschaft begaben und die Sklaverei eine anerkannte Einrichtung wurde. Eine Hauptquelle der Einnahmen des ungerechten Mammon lieferte auch der schwunghafte Opiumschmuggel. Damals hatten ja die humanen Briten die Freigabe des Handels mit dem entnervenden Narkotikum noch nicht erzwungen.

Also: es gab genug für unseren Hung aus der Empirie aufzunehmen, und er hat Augen und Ohren weit aufgemacht. Böse Nachreder haben behauptet, er sei wie so mancher andere eine Zeitlang lustig im Wogengetriebe des Sündenseebabel mitgeschwommen, um nachher über die Sündenerfahrung besser berichten und — nach berühmten und alltäglichen Mustern — leichter fromm werden zu können. Hung selbst versichert hoch und teuer, all das sei böswillige Erfindung; er habe sich an Leib und Seele rein erhalten. Und wir können ihm darin Glauben schenken, wohl ohne weiteres; denn Menschen mit so ausgeprägtem Wollen lassen sich so leicht nicht von ihrem eingeschlagenen Wege abbringen. Hung aber war sich wohl bewufst, dafs er alle Nerven anspannen mufste, um zu seinem Ziele zu gelangen; sinnliche Vergnügungen durften ihn nicht abhalten und zerstreuen. Etwas anderes vielmehr reizte ihn; das waren theologische Forschungen oder Grübeleien. Der Synkretismus zu Kanton, das Durcheinander von buddhistischen, confucischen, laotsischen, braminischen, muslemischen, katholischen und anglikanischen Religionsanschauungen machte den gewifs ehrlich suchenden Studenten unruhig. Fürs erste aber war es nur eine oberflächliche Undulation seines Innern, die damals hervorgerufen wurde.

Es ist nicht bestimmt anzugeben, wie lange Hung in Kanton studierte; nach meiner Erkundung können wir die Jahre 1832 bis 1836 hierfür ansetzen oder doch 1834—1836. Nämlich ein Jahr mindestens, 1836—1837, müssen wir für seinen Aufenthalt in Pe-king rechnen. Es ist auch nicht festzustellen, ob er das „Abiturientenexamen" in Kanton bestanden hat, aber doch wohl anzunehmen; denn sonst würde man ihn zum Besuche der berühmten Akademie Han-lin in der Reichshauptstadt nicht zugelassen haben. Also war er kaiserlicher Student und wagte es schon nach kurzer Zeit, sich zum Staatsexamen zu melden. Der arme Idealist Hung! Mit seinem Bücherranzen auf dem Rücken, den Reisebeutel an der Seite, begleitet von den Segenswünschen des ganzen Dorfes, das in ihm den grofsen Mandarin schon im voraus sah, so war er die anderthalbhundert Meilen von der Seeküste bis zur Residenz des Beherrschers des Reiches der Mitte am Pei-ho gepilgert, per pedes apostolorum natürlich. Allen Fleifs hatte er aufgewendet. Aber eins hatte er nicht bedacht, eins hatte er aus der Praxis des kantonesischen Lebens nicht gelernt, nämlich dafs auch die Zeugnisse der akademischen Zopfmänner Geld und zwar viel Geld kosteten. Wie so mancher alte Scholastikus in Germanien fragte, wenn sein Schüler ihn um Ausstellung eines Zeugnisses bat: „Ist Er solvens?" so ging's auch ähnlich hier, nur mit dem Unterschiede, dafs die gelahrten Zöpfe gar nicht erst fragten, sondern, als sie merkten, dafs unser Hung nicht solvens war, ihn einfach durchrasseln liefsen.

Ein echter Studio macht sich aus einem solchen Durchfall wenig. Hung war aber kein solcher echter Studio. Die Aufregung über das ihm zweifellos widerfahrene Unrecht, die Einsicht, dafs er nie auf einen grünen Zweig kommen würde, verbunden mit den Anstrengungen der Reise und den Entbehrungen, die er sich auferlegt hatte, warfen den vierundzwanzigjährigen Jüngling aufs Krankenlager. Die ohnmächtige Wut, die ihn verzehrte, hat vielleicht schon damals jene epileptischen Anfälle bei ihm hervorgerufen, die ihn später häufig heimsuchten. Wie sich der arme Teufel, weltfremd in der Riesenstadt, ohne Hilfsmittel durchgeschlagen hat, dabei todkrank, das ist eines jener Rätsel, die der menschliche Verstand nicht löst. Aber die Thatsache bleibt bestehen: Hung überstand nicht nur die Krankheit, es wurde ihm sogar möglich, auf seinen kranken Beinen sich den himmelweiten Weg heimzuschleppen.

Und nun bedenke man weiter: der Bauernbub' aus Südchina, eine unbekannte und dazu stets bedrohte Existenz, sich selbst überlassen, ohne Mittel, ihm wird es möglich, gegen alles Erwarten, sich zu erhalten, heimzukehren und dort der Führer einer Bewegung zu werden, die das viertausendjährige Riesenreich bis in seine Grundfesten erschüttert. Sollte das auch der vielbeliebte Zufall sein, der solches bewirkte!

Kleine Ursachen, grofse Wirkungen. Hätten die Herren Akademiker zu Pe-king geahnt, was in dem Kopfe des jungen Mannes wühlte und gärte und welch furchtbarer Feind dem herrschenden System in diesem Bauernstudenten erstehen sollte, ich glaube, sie würden ihn mit Glanz promoviert haben. Aber wie sollten sie es haben ahnen können!

Man vermag sich zu denken, mit welchem Hafs im Innern gegen das Mantschu-Regiment Hung heimkehrte. Seine Verwandten, sein Dorf empfingen ihn mit erstaunten Blicken. Die armen Bauern hatten gehofft, dafs Hung, wenn er erst ein „grofser Mann", d. h. Mandarin geworden wäre, viel für sie thun, ihre Lasten und Leiden mildern helfen würde. Seine ganze Vergangenheit, sein Streben und Benehmen bürgte dafür. Milde und liebethätig war er gewesen allezeit. Nun war diese Hoffnung jäh vernichtet. Aber seltsam, trotzdem blieben die Augen der Dörfler fort und fort auf den jungen Mann gerichtet; die Leute glaubten an ihn, sahen in ihm etwas Aufsergewöhnliches, einen Menschen, der nun doch einmal zu grofsen Dingen bestimmt sei. Hung befand sich also in anderer Lage als Moses, Christus und Muhamed, deren Bedeutung von ihren Landsleuten anfangs so schwer verkannt wurde.

Das packte unsern Hung mit elementarer Gewalt. Abermals aufs Krankenlager geworfen, hatte er unter Fieber- und epileptischen Anfällen seine erste Vision. Eine Menge armen Volkes stand um ihn her und streckte nach ihm als nach seinem Erlöser die Hände aus. Und dann wurde er von der Erde zum Himmel entrückt und empfing dort die Gebote Gottes, worunter das wichtigste war, das Schwert zu ziehen zur Bekämpfung der bösen Dämonen. Vierzig Tage lang dauerten die Krankheitsanfälle und die Visionen. Bald safs Hung still da, in einen Strom von Thränen zerfliefsend, bald hieb er im momentanen Zustande der Besessenheit mit dem Schwerte auf die unsichtbaren Dämonen ein wie weiland Marschall Blücher auf die Mücken an der Wand, in denen er den Todfeind Napoleon Bonaparte sah. Endlich liefsen die Anfälle nach; Hung stand von seinem Krankenbette auf. Die Leute meinten, er sei noch ernster und strenger gegen sich geworden, obwohl er so mild, heiter und gütig wie bisher gegen andere blieb. Aber noch etwas, — etwas Unerhörtes bemerkte man an ihm: Hung trug den Knechtschafts- zopf nicht mehr, sondern sein langes, schönes schwarzes Haar frei; dazu hatte er den Bart ums Kinn stehen lassen.

Das war das erste Zeichen seiner Opposition gegen die herr- schende Partei. Scheu blickten die Dörfler den Kühnen an: — in dem ging etwas vor; sie wichen ihm jetzt sorglich aus dem Wege.

Kurze Zeit darauf verschwand er; niemand wufste wohin. Er war „in die Wüste gegangen", gleich Moses, Christus und Muha- med, um sich in der Einsamkeit auf seinen Beruf vorzubereiten.

5.

Als Hung aus seinem freiwilligen Exil zurückkehrte, stand sein Entschlufs fest, ein Reformator zu werden mit religiösen und sozialen Mitteln. Nach seiner Heimat ging er zunächst nicht wieder, sondern wurde Schullehrer in einem andern Dorfe. Die Studien setzte er nebenbei fort, und namentlich vertiefte er sich in das Buch, das er einst in Kwang-tung von einem Manne gekauft hatte und das den Titel führte: „Nützliche Worte zur Ermahnung des Alters." Es ist ein synkretisches Werkchen gewesen, von einem Chinesen verfafst, der mit den verschiedensten Religionsanschauungen vertraut war und sich daraus ein theologisches Sammelsurium nach seinem Kopfe gebraut hatte. Liang-afa hiefs der fromme Mann und war ein Konvertit des Missionars Dr. Milnes; aber aus Mangel an Sprachkenntnis hatte er manches nicht richtig begriffen. Hung fand des Buches Inhalt mit dem seiner Visionen sehr übereinstimmend und machte es zur Grundlage der neuen Religion der Liebe, die er verkünden wollte.

Der biblische Gehalt des sonderbaren Werkes charakterisierte sich folgendermafsen. Gott wurde als der allmächtige Vater und Weltschöpfer dargestellt, der seinen Sohn Jesus Christus ausgesandt hatte, die bösen Dämonen zu bekriegen. Zehn Gebote (die mosaischen) sind es, die der Mensch halten mufs, wenn er in die Gemeinschaft mit Christus aufgenommen werden soll, was durch die Taufe geschieht, nach vorhergegangener Purifikation und Regeneration. Aufserdem waren eine Anzahl mosaisch-christlicher Ritualien geboten. Hung nahm diese Sätze an, fügte aber infolge seiner Visionen den hinzu, dafs der allmächtige Vater ihm als „seinem jüngeren Sohne" geboten habe, gleich dem „älteren Bruder" (wie er Jesus nannte) die bösen Dämonen zu bekämpfen. Unter den Dämonen wurden von ihm zunächst die Idole verstanden. Seine Prophetenlaufbahn war ihm also vorgeschrieben, und er zögerte nicht, sie zu betreten.

Er offenbarte sich zunächst seinem Vetter Li-tseu-tsching und hatte die Freude, zu erfahren, dafs dieser an ihn glaubte. Mit der Vergangenheit brach er gänzlich; in der „Ode an die Reue", in der er sein bisheriges Geistesleben als falsch und verderblich kennzeichnet, spricht sich dieser Bruch aus. Das Gedicht ist später unter die kanonischen Schriften der Tai-ping aufgenommen worden. Hung und Li warfen nun die Hausgötzen (vgl. die Teraphim des Alten Bundes) fort und entfernten die Tafel mit den confucischen Sittensentenzen aus der Schule. Das kostete den Hung seine Stelle. Er kehrte heim und in den Schofs seiner Familie zurück, die seinen Offenbarungen anfangs nicht recht vertraute. Als erste Fremde bekehrte er den Hung-dschin, einen entfernteren Vetter, der später der Omar des Tai-ping-Reiches wurde, und dessen Freund Fungjuen-san, einen Lehrer. Die Überzeugung von seiner göttlichen Sendung wurde dadurch immer fester in Hung; bald wagte er es, öffentlich zu predigen, ja an seine Schule zurückzukehren und dort nicht mehr als Confucianer, sondern als Verkündiger seiner eigenen Lehre zu walten.

Es scheint aber, als ob der neue Messias jetzt doch auch das Wort Jesu von Nazareth an sich zu erproben gehabt hätte: Kein Prophet ist angenehm in seinem Vaterlande. Zwar wurde die Familie Hungs endlich der neuen Lehre gewonnen; aber plötzlich — es mag das etwa 1839 gewesen sein — begaben sich Hung, Hung-dschin und Fung aufs Wandern, wurden Missionare, sich durch Hausieren ernährend. Der Bekehrungseifer trieb sie in die zerklüfteten Berggegenden nach der Provinz Jün-nan zu, wo die wilden Urstämme der Miau-tse wohnen, wie schon erwähnt, Abkömmlinge eines vor den Chinesen dort seßhaften Mongolenvolkes, das sich unter der wechselnden Herrschaft der Dynastieen im Reiche der Mitte ziemlich unabhängig erhalten hat, ähnlich wie etwa die Basken in Spanien. Durch einen ihnen bekannten Lehrer erlernten die drei das Idiom der Bergvölker und begannen ihr Werk mit derartigem Erfolge, daß Hung-dschin bald eine Gemeinde und zugleich eine Niederlassung gründen konnte, die er „Reine Ehrfurcht" nannte. Er blieb hier als geistlicher und auch wohl politischer Leiter, während Hung und Fung in die Provinz Kwang-si pilgerten, wo sie unter ihren Verwandten Anhänger warben. Auch hier war ihr Beginnen glücklich. Fung begründete auf dem Distelberge die „Vereinigung der Gottesverehrer" und blieb als ihr Oberhaupt daselbst. Hung dagegen kehrte 1845 heim.

All das vollzog sich im stillen. Daß die Mantschu-Behörden kein besseres Auge auf die Sache hatten, kam daher, daß gerade während dieser Zeit (1840—1842) der erwähnte Opiumkrieg zwischen England und China ausgekämpft wurde. Die britischen Men of war zwangen durch das Bombardement der Seehäfen deren Eröffnung für den Opiumhandel, der die Chinesen ruinieren und die Engländer reich machen sollte.

Nachdem Hung zurückgekehrt war — der Friede war inzwischen wiederhergestellt, und es ist fraglich, ob die Missionare in den abgelegenen Miau-tse-Gebieten überhaupt vom Kriege etwas vernommen haben —, erschien sein Ansehen fest begründet. Seine Anhänger zählten bereits nach Hunderten. Ganz unbeanstandet konnte er jetzt seine Schulstelle im Heimatdorfe wieder bekleiden. Nun aber wurde er selbst schriftstellerisch produktiv; neben weiteren religiösen Oden verfaßte er mehrere geistliche Schriften, was alles später der „Kaiserlichen Bekanntmachung der Tai-ping" einverleibt wurde. Gleichzeitig stieg in dem neuen Messias der Haß gegen das Mantschu-Regime, dessen unheilvolle Spuren er auf Schritt und Tritt antraf, immer höher. Schon jetzt tauchte ein seiner Seele der Gedanke auf, mit der religiösen und sozialen auch die politische Reform zu verbinden. Einstweilen aber blieb dieser Gedanke noch in seinem Innern verborgen.

Um diese Zeit, im Jahre 1847, besuchte ein dem Namen nach unbekannter anglikanischer Missionar den Hung und erkannte, daß der Mann ein brauchbares Werkzeug für die Zwecke des Christentums werden könne. Er ließ sich mit Hung, der immer noch „suchte", in religiöse Unterredungen ein und wies ihn schließlich auf den berühmten und hochgeachteten Missionar Roberts in Kanton hin, der ihn noch weiter würde unterrichten können. Sofort rief Hung den Hung-dschin zu sich, und beide wanderten nach Kanton, wo sie Mr. Roberts in den Lehren des Christentums unterwies und einen Monat lang bei sich behielt. Kurze Zeit darauf kehrte Hung-siu-tschuen nochmals wieder; aber neidische Gehilfen von Roberts verleideten ihm den Aufenthalt in Kanton und vertrieben ihn so indirekt wieder.

Als Hung nach Hause zurückkehrte, war seine Anhängerschaft auf zweitausend angewachsen; mehrere Clans und einflußreiche Männer hatten sich ihr beigesellt. Nunmehr trat der Prophet mit Nachdruck und Würde öffentlich auf. Anstelle der alten Religionsbücher verkündete er das Neue Testament als das Buch des Lebens und berief eine große Versammlung seiner Anhänger nach Kwang-si ins Departement Siang, wo ein mächtiges Greuelgötzenbild stand. Auch Tausende Altgläubiger fanden sich ein. Nachdem Hung eine gewaltige Predigt gethan, zerhieb er mit seinen Gehilfen das Idol. Wie die Alexandriner bei der Zertrümmerung des Serapisbildes durch den Patriarchen Theophilos und die Hessen bei der Fällung der Donareiche durch Erzbischof Bonifatius, so gaffte auch hier die entsetzte, stumpfsinnige Menge auf That und Thäter. Da aber keine Rache des Götzen erfolgte, schlug die Stimmung plötzlich um. Ein kolossaler Bildersturm erhob sich durch die ganze Gegend. Überall wurden die Idole zertrümmert und verbrannt.

Nun endlich legten sich die Behörden ins Mittel. Der Spektakel, dem die religiöse Gleichgiltigkeit der Mantschu-Mandarinen sonst wohl wenig Bedeutung beigelegt haben würde, drohte der öffentlichen Gewalt gefährlich zu werden. Deshalb schritten die Beamten ein; einer der „Brüder" wurde gefaßt und hingerichtet. Die neue Gemeinde hatte also ihren ersten Märtyrer wie die ersten Christen den Stephanus und die ersten Muslimen den Bedr; leider aber konnte ich den Namen dieses Tai-ping-Märtyrers nirgends auffinden. Die Bewegung wurde dadurch natürlich nicht aufgehalten; im Gegenteil, Märtyrerblut ist ja das beste Förderungsmittel neuer Ideen. Bald nachher starb Hungs dreiundsiebzigjähriger Vater. Der Patriarch hatte zuvor dem am Todesbette knieenden Sohne die Hände aufgelegt und ihn ermahnt, dem neuen Glauben treu zu bleiben. Da der Segen des Vaters in China mehr als alles gilt, so war Hung damit öffentlich in seinem Amte als Führer und Hoherpriester feierlich bestätigt.

Solches geschah — soll man sagen im Jahre des Heils oder Unheils? — 1848. Jedenfalls ist dieses Jahr ein merkwürdiges gewesen, für das Abend- wie für das Morgenland.

Nach des Vaters Tode begründete der neue Prophet seinen eigenen Hausstand, und vermöge seines Ansehens trat er an die Spitze seines Clans. Er hielt nunmehr die Konzentration der „Brüder", wie sich seine Anhänger fortab untereinander nannten, für angebracht. Hung-dschin kam von der „Reinen Ehrfurcht" und Fung vom Distelberge herüber; mit ihren Scharen und den Seinen zog der Messias nach Kwang-si, wo er den meisten Anhang hatte. Hier wurde ihm 1849 sein erster Sohn geboren. Das ist ein hohes Freudenereignis in China, und unser Hung feierte es denn auch in gebührender Weise. Es glich die Feier dem

Feste der Geburt eines Königssohnes, und das Erscheinen des jungen Hung-fu-tien auf der Welt wurde mit einer mythischen Erzählung umgeben. Es hiefs, als er vom hochbeglückten Vater zuerst in seine Arme genommen wurde, wären von allen Seiten die Vögel herbeigeflogen und hätten sich, gleich einer Wolke, jubilierend über den Häuptern beider versammelt.

Abermals berief der Prophet eine grofse Zusammenkunft seiner Anhänger. In dieser begeisterte er sie durch seine ekstatische Rede derart, dafs sie selbst in Verzückung kamen wie weiland die Nebiim von Rama und Saul unter ihnen. Jang-sui-tschin, einer der eifrigsten Brüder, der aber wohl von der allgemeinen Begeisterung nicht so besinnungslos hingerissen wurde, zeichnete die Ergüsse der Weissagenden und heiligen Besessenen auf. In derselben Versammlung konstituierten sich die Brüder auch politisch. Hung wurde nunmehr anerkanntes Oberhaupt in allen Dingen, und es ward ihm unbedingter Gehorsam gelobt. Sogleich benutzte er seine Machtbefugnis, indem er die ethische Disziplinierung seiner Anhänger vornahm. Er dekretierte, dafs die Gemeinde der Gläubigen, als äufserliche Unterscheidung von den Heiden (Götzendienern) sich die Zöpfe abschneiden und das Haar lang, zum Nacken hängend, tragen, auch die Feier des siebenten Wochentages (Sabbath, Samstag) als des göttlichen Ruhetages begehen sollte. Aufserdem wurde Enthaltsamkeit von den narkotischen und spirituosen Mitteln zur strengsten Pflicht gemacht, der Genufs also von Opium, Tabak, Wein und Branntwein verboten. Ein drittes war, dafs den Mantschu Todfeindschaft geschworen wurde. Die bösen Dämonen, die Hung so viel zu schaffen gemacht hatten, wurden nunmehr neben den Idolen in jenen verkörpert betrachtet.

Man sieht, wie sich die religiös-politisch-soziale Umwälzung auf breitester Grundlage allmählich vorbereitete. Um so nachdrücklicher mufste sie wirken, wenn die Verschwörung einmal ausbarst.

Und wiederum sollte sich der Anhang des Propheten beträchtlich vermehren. Er that nämlich ein Wunder — d. h. in den Augen der Gläubigen —, und Wunder sind die besten Handlanger der Bekehrung. Zu diesem Wunder kam Hung aber sehr bequem durch seinen scharfen Verstand, seine tiefe Beobachtungsgabe und reiche Erfahrung. China, besonders der übervölkerte Teil des Südens und Ostens, wird von Zeit zu Zeit durch verheerende Seuchen heimgesucht. Diese haben meist immer dieselben Ursachen: schlechte Luft, schlechte Reinlichkeitsverhältnisse, schlechte Nahrung. Für einen aufmerksamen Beobachter ist es also kein besonders schwieriges Kunststück, den Ausbruch einer solchen verheerenden Krankheit vorauszusagen. So prophezeite denn Hung für Kwang-si die Pest und kündete Rettung nur bei ihm und seinen Genossen — die sich allerdings der Reinlichkeit und Mäfsigkeit bis zum Exzefs befleifsigten — an. Als seine Voraussagung eintraf, gingen abermals grofse Scharen Gläubiger in sein Lager über. Mit ihnen verzog er sich zum Distelberge, der der Mittelpunkt seines ferneren Wirkens wurde.

Den meisten Anhang hatte Hung aufser unter den Miau-tse unter den Hak-ka gefunden. Unter diesen regte sich bereits eine Opposition gegen die feindlichen Pun-ti, die zuletzt, 1850, in offene Streitigkeiten ausbrach. Unterstützt durch die Mantschu-Behörden, behielten aber die Pun-ti in einem kurzen blutigen Kriege Oberwasser. Da wandten sich die Hak-ka an die „Gottesverehrer", wie die Gläubigen sich neuerdings allgemein nannten. Sie traten bald sogar offen zu diesen über. Hung zögerte nicht, die Sache der Hak-ka zu der seinigen zu machen; somit wurde er Rebell gegen den „Sohn des Himmels".

Nunmehr ging den Mantschu-Mandarinen allmählich ein Licht auf über das Gefährliche der Bewegung, die sie seinerzeit rasch unterdrückt zu haben glaubten. Stracks liefs der Vizekönig von Kwang-si eine starke tatarische Kriegsmacht ausrücken, die den Distelberg einnahm. Hung, Fung und Jang entkamen mit den Ihren, wurden aber von den Soldaten verfolgt. Auf der Flucht wurden Hung und Fung von den übrigen getrennt und in einem Passe von den Feinden eng umschlossen. Jang und die Seinen befanden sich unterdes in furchtbarer Aufregung über das Schicksal ihrer Gefährten. Da soll in der höchsten Not eine Vision dem Jang die Stelle offenbart haben, wo jene sich befanden und ihm zugleich die Mittel zur Befreiung verraten haben. Jang verrichtete ein inbrünstiges Gebet, dann schlich er sich mit seinen Treuen an das tatarische Lager heran und fiel nächtig schnell über dieses her wie Gideon über die Midjaniter. Hung und Fung wurden mit ihren Gefährten befreit.

Das war die Hidschra des chinesischen Propheten, die an Wunderbarem, wenn auch nicht in Einzelheiten, ähnliches bietet mit jener des arabischen. Auch Hung fand sein Medina, d. h. einen Sammelplatz der Gläubigen, freilich nur für kurze Zeit. Es war das kleine, feste Lieu-tschu. Hier strömten die Gottesverehrer zusammen, hier versahen sie sich mit Waffen, die ihnen früher großsenteils gemangelt hatten. Eng schlossen sie sich aneinander an und gelobten, als Ming-schin (Ming-Leute) miteinander und füreinander zu leben und zu sterben. Alles Eigentum wurde als allen gemeinsam erklärt.

Somit war ein weiterer, vierter Punkt in die Satzungen der Gottesverehrer eingefügt worden. Es nimmt die Verkündigung des Kommunismus durch Hung aber ebensowenig Wunder wie die Thatsache, daß auch Christen und Muslime anfänglich derselben Theorie huldigten. Es war mehr ein der Not Gehorchen, denn dem eigenen Triebe. Die gemeinschaftliche Kasse sollte dazu dienen, um die Sache der Kongregation, die inmitten der feindlichen Stämme, der gegnerischen Kriegsscharen und der indifferenten Menge isoliert stand, zu unterstützen. Die Brüder sollten ferner veranlaßt werden, sich enger aneinander anzuschließen, ihre eigene Person und deren Interessen hinter die der Gesamtheit zurückzusetzen, sich als Gleichberechtigte und Gleichverpflichtete zu betrachten. Das war auch bei der jerusalemischen Christengemeinde und der der medinesischen Muslime der Fall, aber nur für die Anfänge deren Bestehens. Später war wohl Anspruchslosigkeit und Mäßigkeit Hauptgrundsatz geblieben, aber von konsequenter Durchführung des Kommunismus war keine Rede mehr. Im Tai-ping-Reiche dagegen blieb er bis zum Untergange des letzteren strenges Gesetz; unsere Kommunisten könnten also, was sie so wenig — merkwürdigerweise — thun, sich auf die Taiping als praktische Kommunisten berufen. Nur von Weibergemeinschaft, bez. freier Liebe wollten diese nichts wissen; sie lebten vielmehr gesetzlich polygamisch, wie wir noch hören werden.

Übrigens will ich noch bemerken, dafs der taipingische Staats- und Sozialkommunismus seinerseits nur eine Erweiterung des bekannten chinesischen Familien-Kommunismus war. —

Lieu-tschu wurde von einer grofsen tatarischen Armee bedroht; Hung zog sich daher mit den Seinen rückwärts in die Berge. Die Mantschu-Soldaten nahmen die Stadt und brannten sie nach einem furchtbaren Massacre mit obligater Plünderung aus. Sodann begannen sie — sehr zum eigenen Schaden — auch ein furchtbares Gemorde auf dem platten Lande, wie solches sich die brutalen Tataren bei jeder chinesischen Rebellion gestatten. Die verursachten Greuel trieben Tausende Landflüchtiger und Beraubter ins Lager der Gottesverehrer. Hung bekehrte und taufte alle diese Mühseligen und Beladenen, und sie wurden seine glühendsten Anhänger. Auch viele der durch die Roheiten der Soldateska bedrohten Frauen kamen zu ihm, aber nicht wie die Marien und Magdalenen zum sanften Stifter des Christentums. Kiu-ur und Szu-san, zwei streitbare Amazonen, führten Hung vielmehr viertausend bewaffnete Kämpen zu. Alles war, wie gesagt, erregt durch die mantschurischen Grausamkeiten. Nun erkannten auch die Häupter des San-ho-hwui (Dreifaltigkeitsbundes), dafs es geraten sei, den Anschlufs an den neuen Propheten zu suchen. Es geschah das in ähnlicher Weise, wie einst die Anhänger des Johannes zu Jesus übergingen. Acht Chefs der genannten geheimen Vereinigung kamen zu Hung, liefsen sich bekehren und taufen und versprachen, die Mantschu bekriegen zu helfen. Allein der Kommunismus behagte ihnen nicht; sieben von ihnen gingen bald wieder ins kaiserliche Lager über, nur einer, Lo-thai-kang, blieb ein treuer Genosse des neuen Messias. Die Sekte verschwand damit nicht vom Schauplatze; die neue religiöse Bewegung vermochte sie nicht wie manche anderen zu absorbieren. Wir werden daher von den Triadisten noch hören.

Um diese Zeit starb droben in der Hauptstadt der Mantschu-Dynastie, in Pe-king der Kaiser Mian-ning (Tao-kwang), und sein Sohn In-schu (Hien-fong) folgte ihm. Das war das Zeichen für Hung. Beim Beginne des Jahres 1851 erklärte er die tatarische Dynastie Tsing für abgesetzt und die alte chinesische als Heu-ming, d. h. jüngere Ming, wiederhergestellt in seiner Person, als der eines Abkömmlings der rechtmäfsigen Herrscher des Reiches der Mitte.

Somit hatte er das Banner der nationalen Empörung entfaltet und den Kampf gegen die Unterdrücker offen verkündigt.

Aus jener Zeit stammt die Ode, die der Prophet gedichtet und die Lin-li uns so schön aus dem Chinesischen übersetzt hat:[1])

> When in the present time disturbances abound
> And bands of robbers are like gathering vapours found,
> We know, that heaven means, to raise a valiant band,
> To rescue the oppressed and save our native land.
> China was once subdued, but it shall no more fall;
> God ought to be adored and ultimately shall.
> The founder of the Ming in song disclosed his mind,
> The Emperor of the Han drank to the furious wind.
> From olden times all deeds by energy were done;
> Dark vapours disappear on rising of the sun.

Die Psalmen und Oden des Propheten-Prätendenten wurden rasch verbreitet; unter ihrem Gesange — der Dichter hatte sie populären Melodieen angepafst — zogen die Krieger zum Streite aus, beteten Frauen und Kinder um Sieg. Das Lager der Gottesverehrer verwandelte sich in ein religiöses Kriegslager.

Man hat die Tai-ping vielfach mit den Wiedertäufern, den Mormonen und den Puritanern verglichen. Mit den beiden ersteren haben sie nicht viel mehr gemein als die Satzungen des Kommunismus und der Polygamie. Doch soll hier schon vorausbemerkt werden, dafs die Einrichtung der Vielweiberei nicht etwa den Tai-ping zuzuschreiben ist. Sie besteht vielmehr als gesetzlich zulässig seit alters (s. S. 19) in China. Die Tai-ping liefsen sie aus

---

1) Der chinesische Text fehlt. Eine abermalige Übersetzung, ins Deutsche möchte ich deshalb nicht beifügen, das Ganze vielmehr möglichst in seiner Ursprünglichkeit wirken lassen.

dem Grunde besonders gelten, weil sie, wie die Wiedertäufer, die Prostitution als Verbrechen betrachteten, aber doch die überschüssige Zahl von Frauen versorgen wollten. Also der Zweck, den die Mormonen verfolgten, rasche Vermehrung der Gemeinde, war nicht der ihrige.

Dagegen war — abgesehen von dem eben erwähnten Punkte — die Ähnlichkeit mit den Puritanern unverkennbar. Die Enthaltsamkeit, Frömmigkeit, und Kriegstüchtigkeit der englischen „Rundköpfe" und der chinesischen „Langhaarigen" ähnelten sehr, und auch ihre politischen und sozialen Bestrebungen zeigen viel Vergleichbares.

6.

Bald darauf stand Hung-siu-tschuen an der Spitze einer gut disziplinierten Armee im Felde, bereit, den Kampf mit den Mantschu offen aufzunehmen. Lin, der tatarische Obergeneral, der gegen ihn ausgeschickt worden war, forderte ihn zur Uebergabe auf. Da antwortete ihm der Prophet-Prätendent mit geharnischten Worten in einem Manifest, das, wie alle Proklamationen auf rotem Papier gedruckt, ganz im imperialen Stil der alten Ming-Herrscher gehalten war. Die Mantschu, hiefs es darin, sind Fremde. Wie Räuber — dies blieb ein stehender Ausdruck für die herrschende Rasse — sind sie ins Land gefallen, haben die friedlichen Chinesen unterjocht und die alte, heilige Dynastie entsetzt und vertrieben. Namentlich ist es der „Pöbel der wolfähnlichen Polizeileute", der das Volk bedrückt. Sie haben nichts zu thun im Reiche der Mitte; ihre lange Zeit willkürlich ausgeübten Rechte sind an die Gottesverehrer übergegangen. Die Mantschu werden aufgefordert, China zu verlassen, widrigenfalls sie mit Feuer und Schwert vertilgt werden sollen. Auf den Kopf der Widerspenstigen werden Preise gesetzt. Allen Chinesen dagegen wird Sicherheit des Lebens und Eigentums garantiert.

Diese Sprache liefs an Deutlichkeit nichts zu wünschen übrig. Kurze Zeit darauf standen die Aufständischen vor der befestigten Stadt Jung-ngan und forderten die tatarische Besatzung zur Kapitulation auf. Als sie von jener verhöhnt wurden, warfen sie Schwärmer (Brandraketen) über die Mauern, die allenthalben Verwirrung erregten. Während des Durcheinanders liefen die Belagerer Sturm, erstiegen die Mauern und drangen in die Stadt. Die Mantschu wurden niedergehauen, erbarmungslos, ohne Ausnahme, und so hielten es die Gottesverehrer auch in Zukunft. Ergaben sich die Gegner gutwillig, so wurden sie zum Lande hinauseskortiert, widersetzten sie sich, so wurden sie vernichtet.

Die Eroberung von Jung-ngan war der erste Waffenerfolg des Wiederherstellers der Ming-Dynastie. Er zögerte nicht, ihn auszunutzen. Unter dem Eindrucke des Sieges rief er die Errichtung des neuen theokratischen nationalen Staates aus. Die Rangproklamation erklärte Gott als himmlischen Vater, der allwissend, allmächtig und allgegenwärtig sei, zum Schang-te (Höchster Herrscher). Jesus, sein „älterer Sohn", steht ihm nach, ist ihm aber an Heiligkeit gleich. Als dritter kam Hung-siu-tschuen selbst, der „jüngere Bruder Christi", aber nicht heilig. Sein Name wandelte sich in Tien-te (Himmlischer Herrscher) oder Tien-wang (Himmlischer König) um; der Name seiner Dynastie sollte Tai-ping-tien-kwo (Himmlisches Reich des allgemeinen Friedens) heifsen. Unter dem neuen Herrscher, der alle Gewalt auf Erden (im Kaiserreiche des allgemeinen Friedens) in seiner Person vereinigte, oberster Fürst, Priester, Richter und Verwaltungsbeamter war, standen die vier früheren Hauptgehilfen Hungs als Generale en-chef, die alle den Titel König (Wang) führten und nach den Himmelsrichtungen benannt waren: Fung-juen-san (Südkönig), Jang-sui-tschin (Ostkönig), Siau-tscheu-kwui (Westkönig) und Wei-tsching-hoei (Nordkönig). Als Assistenzkönig des Tien-wang fungierte dessen Bruder Schi-ta-kai. Die Favoritfrau des neuen Herrschers, die eigentliche Kaiserin, empfing den Titel „Herrrin der Frauen" (lady of all ladies). Neben ihr hielt sich der Herrscher nach orientalischer Sitte einen grofsen Harem, als Attribut seiner Machtfülle; die Kebsen und Konkubinen hiefsen königliche Frauen (royal ladies). Eine neue Zeitrechnung des Friedensreichs, am 10. Februar 1850 beginnend, wurde eingeführt.

Man sieht, der Tien-wang verstand zu imponieren. Er war ja kein gewöhnlicher Mensch. Geistig und äufserlich überragte er seine Umgebung, unter der doch, wie wir sahen und noch mehr sehen werden, ganz bedeutende Köpfe waren. Es bringt uns das auf eine andere Frage: Wurde der chinesische Reformator etwa zum Betrüger?

Es ist die alte Frage, welche die Feinde der grofsen Reformatoren sofort bejahen. Moses war den Ägyptern ein Rebell und Gaukler; Buddha hafsten die Braminen als Zauberer. Jesus warfen die Pharisäer und Schriftgelehrten ins Gesicht, er verführe das Volk und lästere Gott; Muhamed wurde von Christen und Juden für einen Lügner und Schwindler erklärt. So verleumdeten auch Chinesen (d. h. Mantschu) und viele Christen den Tien-wang in gleicher Weise.

Dem ist entgegenzuhalten, was schon Johannes Scherr bei der Schilderung Muhameds und seines Werkes gesagt hat, und was sich ungefähr so zusammenfassen läfst. Die grofsen Reformatoren auf religiösem Gebiete sind niemals Betrüger gewesen, weder ihrer selbst noch des Volkes. Was sie thaten, haben sie gethan aus innerster Überzeugung und in der festen Meinung, die Werkzeuge des Geistes zu sein, der sie trieb. Es hat lange gedauert und hat sie selbst viele innere Kämpfe gekostet, bis sie heraustraten und ihr Werk begannen. Und dieses Werk war kein eigensüchtiges. Man kennt die Überlieferung von Moses, wie er seine Gewalt freiwillig abgab und starb, unbekannt an welchem Orte, weil er einer göttlichen Verehrung entgehen wollte. Ebenso hat sich Buddha seiner königlichen Vorzüge entäufsert. Christus ist für seine Überzeugung in den Tod gegangen, des sicheren Glaubens, dafs durch sein Opfer der Allgemeinheit Heil widerfahren würde. Muhamed ist arm gestorben, nachdem er sich aller Attribute seiner Macht entledigt hatte. Es war das Mitgefühl mit der leidenden Menschheit, mit der geistlich wie körperlich leidenden, welche die grofsen Männer auf die Bahn des Heilandtums trieb; sie waren deshalb neben ihrer ursprünglichen Eigenschaft als religiöse auch soziale Reformer. Moses und Muhamed dehnten ihre Wirksamkeit auch aufs politische Gebiet aus. Christus, der die blofs innerliche Regeneration des Menschen, die ihn zur liebethätigen Unterstützung seines Mitbruders von selbst anreizt, verkündete und alle äufseren Gewaltmittel verschmähte, steht ethisch deshalb hoch über jenen beiden, einzig — unvergleichbar. Buddha kommt ihm noch am nächsten.[1])

Auch bei Tien-te war es innerste Überzeugung und ehrlichster Wille, seinem armen chinesischen Volke zu helfen, es herauszureifsen aus der Macht des Aberglaubens, aus dem Elende des Lebens und der Gewalt des Despotismus. Dazu glaubte er sich als Gottes Werkzeug berufen.

Ferner, wenn die grofsen Reformatoren wirklich Betrüger gewesen wären, würde dann ihr Werk eine solche Ausdehnung gewonnen, würde es auch nur einigermafsen dauernden Bestand gehabt haben? Die Geschichte lehrt uns, wie die Arbeit von Gauklern und Gaunern auf religiösem, politischem und sozialem Gebiete vernichtet und weggeblasen wird, ohne Spuren zu hinterlassen. Man denke an manche ausgeartete Sektiererei, den nachgemachten zweiten Bonapartismus, an die verfratzten kommunistischen Bestrebungen der Rappisten und anderer. Das Wort des alten Gamaliel gilt heute noch: „Ist's höheres Werk, so wird's bestehn; ist's Menschenwerk, wird's untergehn." Funken des grofsen, das All durchdringenden Geistesfeuers sind allein in die Köpfe jener grofsen Männer gefallen.

Auch des Tien-te Werk ist nicht untergegangen, es ist nur unterdrückt. Eines Tages kann es mit elementarer Gewalt wieder erstehen; eine neue Tai-ping-Revolution wird aber die tatarische Herrschaft unzweifelhaft stürzen.

Kehren wir nach dieser Abschweifung zu den Tai-ping selbst zurück.

Sie fanden in Jung-ngan nicht lange Ruhe. Der tüchtige Tao-tai Wu-lan-tai führte alsbald ein mächtiges Heer herbei und

---

1) Soll man aber Hung nicht mit Moses, Muhamed und Buddha vergleichen? Es fehlte ihm nur, was die anderen hatten: der Erfolg —, und wir besäfsen wahrscheinlich eine grofse Religionsgemeinschaft auf Erden mehr.

schlofs die Stadt rings ein. Es war am 15. November 1851, als das geschah, und zwar mufs die Cernierung mit grofser, ja überraschender Schnelligkeit geschehen sein. Die Tai-ping waren wohl mit Lebensmitteln versehen, aber nur für mehrere Wochen. Trotzdem die Rationen verringert wurden, gab es bald nichts mehr zu essen, so dafs man Lebensmittel aus allem möglichen eben Geniefsbaren präparierte. Die Hungersnot erzeugte Krankheiten, und die Reihen der Eingeschlossenen wurden furchtbar gelichtet. Da packte sie der Mut der Verzweiflung. Es war in der Nacht des 7. April 1852, als das Tatarenheer, seines Fanges allzusicher, im Schlafe lag, da fielen die Ermatteten mit aller zusammengerafften Kraft, Weiber, Kinder, Alte und Kranke in der Mitte, in gedrängter Masse an einem Punkt aus und — schlugen sich nordöstlich durch, entkamen auch unverfolgt.

Alsbald strömten von allen Seiten neue kampfesmutige Scharen hinzu. Sobald diese einigermafsen diszipliniert waren, brach Tien-te gegen das feste Kwei-ling auf. Es trotzte aber der Belagerung, und weil sie keine Kanonen hatten — die Artillerie war überhaupt stets ihre schwache Seite — mufsten die Tai-ping abstehen. Es war dies ihr letzter Mifserfolg.

Denn nun begann ein Siegeslauf, wie er fast beispiellos in der Geschichte dasteht und nur etwa den napoleonischen Erfolgen gleichkommt. Moral und Taktik einten sich, um den Tai-ping zum Siege zu verhelfen. Und dabei behielten diese fortwährend ihr Ziel im Auge: — Nan-king, die älteste Ming-Hauptstadt, die heilige, die nationale des Reiches der Mitte.

Die Tai-ping brachen in die Provinz Hu-nan ein. Zuerst fiel Tau-tscheu, und ihm folgte eine ganze Reihe anderer Städte gen Norden zu. Tschang-scha, die Hauptstadt von Hu-nan, widerstand vorerst noch einer zweimonatigen Belagerung (September bis November); dagegen fiel den Eroberern das reiche Jo-tschau am Tung-ting-See in die Hände, und die Tai-ping erblickten nun den grofsen „Blauen Strom", den Jang-tse-kiang mit seiner breiten Wasserfläche, die das jenseitige Ufer manchmal kaum erkennen läfst. Auf Dschunken befuhren sie ihn in jubelnder Freude. Thalatta, Thalatta! mögen sie da wohl wie einst die Myriade Xenophons ausgerufen haben. Standen sie doch jetzt an der Grenze Südchinas. An und auf dem Jang-tse wandten sie sich nördlich, eroberten am 23. Dezember 1852 Han-jang und rückten gegen die vizekönigliche Stadt Wu-tschang. Die Tataren waren hier zu sicher. Die Tai-ping umgaben die Stadt und bohrten eine Mine, die, entzündet, eine grofse Bresche rifs. Am 12. Januar 1853 stürzten die Friedensmänner in die Stadt. Die Mantschu wehrten sich wie Verzweifelte; in einem furchtbaren Gemetzel wurden sie mit dem Gouverneur sämtlich zusammengehauen. Nun ging's Schlag auf Schlag. Am 8. Februar nahmen die Siegreichen Hankau, am 18. Kiu-kiang am Po-jang-See, am 25. Ngan-king, am 4. März Wu-hu — am 8. März 1853 standen sie vor Nan-king, dem ersehnten Ziele. Der anfängliche Zug gegen Nordwesten war nur ein Schachzug gewesen, um die Aufmerksamkeit der „Imps", wie Lin-li die Kaiserlichen heifst, nach einer andern Seite zu lenken.

Die Regierung zu Pe-king brach in eine furchtbare Wut über ihre Beamten und Heerführer aus. Ähnlich dem „Heilausschufs" von 1793, der gleich mit der Guillotine drohte, und nach der Weise des türkischen Padischah, der ehedem bei Mifserfolgen seiner Generale so schnell mit der seidenen Schnur zur Hand war, begann eine allgemeine Degradierung und Köpfung. Sai-tschang-i, der Generalissimus von Hu-nan und viele andere erlitten das letztere Schicksal; Lin, Vizekönig der beiden Kwang-Provinzen, verlor seine Würde und die Auszeichnung der Pfauenfeder, wie in unsern Tagen Li-hung-tschang nach den japanischen Siegen seiner gelben Reitjacke beraubt wurde. An Lins Stelle trat der brutale Jih als Vizekönig, den die Briten noch besonders kennen lernen sollten.

Die Tai-ping konfiszierten, wohin sie kamen, alles Eigentum und erklärten es als Gemeingut; im übrigen befleifsigten sie sich musterhafter Ordnung; Exzesse kamen nur in geringem Mafse vor, wurden aber dann meist ungemein streng bestraft. An die Stelle der verjagten oder getöteten Mantschu-Beamten traten solche aus den Reihen der Friedensmänner. Dadurch gewannen sie die Herzen des Volkes, und Tausende streitbarer Leute strömten ihnen zu. Mit 10000 Mann waren sie vor einem halben Jahre vor Kweiling gerückt, mit 100000 Mann standen sie jetzt vor Nan-king. Abgehärtet gegen Strapazen, religiös und politisch begeistert erschienen die Scharen, unter denen selbst Frauen und Mädchen mitfochten.

Aus dem Kriegslager vor Nan-king erliefs der Tien-wang seine erste grofse Proklamation, die Jangs, des Ostkönigs schwungvoller Feder entstammte. Die Mantschu, hiefs es darin, sind Räuber. Von Uranfang der Welt ist China der Kopf und das Herz der Erde (vgl. Reich der Mitte, Nabel der Welt) gewesen, die Tatarei bildete die Füfse. China ist das Land der lichten Geister, die Tatarei dasjenige der finsteren Dämonen (Vermengung des religiösen und politischen Moments). Die Tataren sind verweichlicht und verräubert, an Leib und Seele korrumpiert. Wenn alle Bambusrohre in Federn verwandelt würden und man das ganze gewaltige Ostmeer als Tinte verwendete, so würde beides nicht ausreichen, die Frevelthaten der Tataren zu beschreiben. Sie haben dem Volk üble Sitten auferlegt, es in die Sklaverei hinuntergedrückt; sogar die chinesische Sprache suchen sie zu verderben. Fast alle Beamten sind Verbrecher und Bedrücker. Die Tataren sind ein Bankertvolk, entstanden aus der Kreuzung eines weifsen Fuchses mit einem roten Hunde, und ihre Zahl, die sich anmafst, über die rechtmäfsigen Besitzer des Landes zu herrschen, ist gering. Nur Hunderttausend kommen auf fünfzig Millionen Chinesen. Aber ihre Zeit ist erfüllt; sie sollen hinweggefegt werden von der Erde, und alle recht denkenden Chinesen sollen sich zu ihrer Vertreibung zusammenscharen.

Dieser ersten Proklamation folgten bald noch zwei andere an das Heer der Tai-ping selbst. Die eine, vom Tien-wang, wandte ihren Zorn auf die räuberischen und brutalen Offiziere und die verderbten, bestechlichen Mandarinen, die mit Wölfen und Tigern verglichen wurden. Sie zu entfernen müsse alles aufgewendet werden; deshalb sollten die Reichen angehalten werden, viel, die Armen wenig, d. h. nach Vermögen beizutragen, und ferner möge man kluge Leute aus den Einheimischen zu Ämtern empfehlen. Alle widerstrebenden Mantschu-Beamten sollten geköpft, alle andern ihres Amtes einfach entlassen und verschubt werden. Auch den Unterstützern der tatarischen Mandarinen war dasselbe Los zugedacht worden. Die andere Proklamation, von Jang, schärfte den Kriegern ebenfalls ein, streng, aber nicht grausam zu verfahren. Alle rechtschaffenen Mandarinen sollten nicht getötet, sondern nur entlassen werden. Aufserdem sollten Marodeure und Vagabunden beim Heere nicht geduldet werden, und es wurden Streifkorps abgesandt, um derartige Banditen abzufangen und zu vernichten. — Natürlich mufste den Tai-ping daran liegen, die Ordnung aufrecht zu erhalten und als Friedensmänner der Bevölkerung auch wirklich als solche zu erscheinen.

Die Proklamationen erhielten den gehörigen Nachdruck durch den Schlufssatz: Beachtet das! — und neben dem: Seid liebreich! stand zugleich das drohende: Widersetzt euch nicht! Die Unterschriften lauteten einfach, aber doch imponierend und offenbarten den ganzen Stolz der Proklamatoren. Wie der Beherrscher von Spanien und Indien selbstbewufst seine Manifeste mit: Yo el Rey! unterschrieb, so der neue Kaiser mit: Ich, der Tien-wang, und sein Befehlshaber Jang mit: Ich, der General.

Der Hafs, den die Tai-ping auf die Mantschu warfen, war, wie gesagt, furchtbar. Gleich den Israeliten, die sich auf Philister, Midjaniter und Kanaanäer mit der ganzen Furie des Nationalhasses stürzten, warfen sich jene hier auf die Tataren. Und tragen die Manifeste nicht einen ähnlichen Stil wie die der Russen unter Kozma Minin gegen die Polenherrschaft (1612) und die Friedrich Wilhelms von Preufsen gegen die Franzosentyrannei (1813)!

Die Mantschu reagierten hierauf in ihrer bekannten Weise. Besonders in den Kwang-Provinzen, wo Jih als Vizekönig waltete, begann eine wahre Tai-ping-Jagd, d. h. eine solche nach vermeintlichen Tai-ping. Denn das Gros dieser war ja nach Norden gezogen und die Masse der Einwohner konnte man doch nicht ohne weiteres als Tai-ping (wiewohl als diesen freundlich) bezeichnen. Die Gefängnisse füllten sich aber wie zur Schreckenszeit in

Frankreich mit „Verdächtigen", und das Verfahren war kurz und rasch. Courage et rien que courage! dachten mit weiland Danton die Mantschu-Mandarinen, obschon es dessen gegen die armen Wehrlosen gar nicht bedurfte. Ein massenhaftes Abschlachten begann; ein Wegsäubern, wie es schrecklicher die assyrischen und ägyptischen Grofskönige, oder die mongolischen Völkervernichter kaum in Scene setzen konnten. Jih soll in einem Monate siebzigtausend (!) „Rebellen" „expediert" haben. Die Zinnen der Stadtmauern krönten sich mit den Köpfen der Gemordeten, und die Hinrichtungsplätze wurden zu Blutpfuhlen. Man meldete den Mordeifer mit „unterthänigsten" Gefühlen nach Pe-king und gab die Listen der ausgerotteten Tai-ping an, von denen die wenigsten Tai-ping waren.

Aber der Erfolg war gleich null; man bewirkte nur das Gegenteil dessen, das man beabsichtigte. Scharenweise flohen die so furchtbar drangsalierten Einwohner ins Insurgentenlager vor Nanking, das immer drohender anschwoll. Die Wut der Verzweiflung, in die das ganze Land ausbarst, ist unbeschreiblich.

Die Belagerung von Nan-king dauerte nur zwölf Tage. Mit fieberhafter Hast arbeiteten die Tai-ping, um die Hauptstadt Südchinas in ihre Gewalt zu bekommen. Der Fall vor Nan-king mufste ihrer Sache ein entsprechendes Prestige verleihen. Rund um die hohen Mauern der Stadt warfen sie Schanzen auf, zogen Laufgräben und trieben Approchen bis zu den Befestigungen vor. Die Kanonen wurden gegen die Thore gerichtet und verschiedene Minen gebohrt. Auf dem Jang-tse-kiang sperrte eine Dschunkenflotte die Kommunikation stromauf- und abwärts. Die Besatzung der Millionenstadt bestand aus 8000 (acht Tausendschaften der tatarischen „Banner") Mantschu und 16 000 Chinesen. Letztere waren unzuverlässig, und die chinesischen Bewohner fraternisierten offen mit den Tai-ping.

Am 19. März 1853 liefsen die Belagerer eine kolossale Mine springen, die ein grofses Stück von Wall und Mauer zusammenrifs. Das war das Zeichen zum allgemeinen Sturme von der Land- und Wasserseite her. Die Tai-ping gingen, nach Divisionen geordnet, unter ihren religiösen Schlachtgesängen todesmutig und mit aller Wucht zum Angriffe vor. Eine Kolonne stürzte sich in den dunkeln Minenkrater und pflanzte bald darauf ihre Feldzeichen auf die Mauern. Eine andere schofs das I-fung-Thor zusammen und drang in die Stadt ein. Sobald dies die chinesische Garnison bemerkte, warf sie die Waffen weg und floh oder lief zu den Tai-ping über. Die Mantschu-Truppen dagegen setzten sich tapfer zur Wehr. Sie sammelten ihre Familien und warfen sich in den tatarischen Stadtteil, wo sie sich verbarrikadierten und alle Aufforderungen, sich zu ergeben, abwiesen. Gleich den französischen Kommunarden von 1871 auf Belleville und Montmartre kämpften sie hier wütend gegen den sie umklammernden Feind; Weiber und Kinder fochten mit. Endlich ging die ganze Tatarenstadt in einem Meere von Blut und Flammen unter. Von den zwanzigtausend Bewohnern blieb keine lebende Seele übrig, und die Stelle, wo die Niederlassung gestanden hat, liegt heute noch als Stätte des Greuels wüste und leer.

Siegreich, unter Pauken- und Trompetenschall, hielt der Tien-wang, umjubelt von seinen Anhängern und den Bewohnern von Nan-king, seinen Einzug in die eroberte Stadt, die er sogleich als Reichshauptstadt der Friedensdynastie proklamierte und Tien-king (Himmelsresidenz) nannte. Alsdann begann die „Reinigung der Tenne", d. h. ein byzantinischer oder wiedertäuferischer Bildersturm. Die Götzenbilder wurden zertrümmert und verbrannt und die Tempel zerstört. Dem Fanatismus soll auch die herrliche Porzellan-Pagode zum Opfer gefallen sein, ohne dafs die Führer der Tai-ping Einhalt geboten hätten. Mit dem Zerstörungswerke ging das der Konfiskation Hand in Hand. Was die Mantschu zurückgelassen hatten, wurde beschlagnahmt; eine Million Pfund Sterling aus privaten und öffentlichen Geldern flofs in die allgemeine Kasse; grofse Massen von aufgestapeltem Reis und Korn wurden erbeutet und als Vorratsmagazin angelegt. Ein allgemeines Zopfabschneiden begann unter den Bewohnern. Der Fall von Nan-king zog die Einnahme von Tschin-kiang, Jang-tschau und Kwa-tschau unmittelbar nach sich; die Tai-ping wurden Herren des Kaiserkanals und führten auf diesem 1000 Dschunken, mit Tributkorn beladen, nach Nan-king hinab.

Fast das ganze China südlich des Jang-tse-kiang erkannte nun die Herrschaft des Tien-wang an. Panischer Schrecken ergriff die Mantschu, die sich in die Städte flüchteten, namentlich die Seestädte. Das platte Land dagegen huldigte der neuen Bewegung. Aber auch entferntere Provinzen sandten schon den Tribut statt nach Pe-king nach Nan-king, und in ersterer Stadt begann der „Sohn des Himmels" vor dem „Könige des Himmels" zu zittern.

7.

Nun oder nie mußte sich Chinas Schicksal entscheiden, mußte es sich zeigen, ob die einheimische oder die fremde Dynastie fürder das gewaltige Reich der Mitte beherrschen sollte. Der beispiellose Erfolg forderte den Tien-wang auf, seine Vorteile zu benutzen und das Ende des grofsen Dramas herbeizuführen.

Tien-te unterliefs das jedoch, und das sollte ihm und der gewaltigen Bewegung, die er hervorgerufen hatte, zum Unheile ausschlagen.

Entweder mufste er alle seine Streitkräfte zusammenraffen und auf Pe-king losmarschieren, um den „Drachen", wie man den Mantschu-Kaiser nannte, zu vernichten, — oder er mufste wenigstens die vier grofsen Südprovinzen, die sozusagen in seiner Hand waren, zur Gründung eines Südkönigreichs besser organisieren.

Keins von beiden geschah.

Der Tien-wang trug vielmehr zunächst Sorge, durch europäische Baumeister den riesigen Kaiserpalast in seiner Residenz für sich ausbauen zu lassen. Dann begann er allerdings zu reorganisieren; da aber sein Reformwerk vornehmlich theokratischen Charakter trug, so achteten die ihm gehorchenden Chinesen mehr auf die religiöse als auf die politisch-soziale, d. h. die eigentlich nationale Seite der Insurrektion, und die Gemüter wurden vielfach in unrichtige Bahnen gelenkt.

Als summus episcopus des neuen Tien-kwo fungierte der Tien-wang; als nächste unter ihm standen die vier König-Presbyter, die zugleich mit vier hohen Geistlichen die theologische Prüfungskommission bildeten. Es bestanden drei theologische Grade, die durch Examina erlangt wurden. Der unterste war der eines Dieners (minister), welcher der Seelsorger für fünfundzwanzig Familien, ein Kirchspiel (parish), war, für welch letzteres eine Bethalle (heavenly hall) eingerichtet wurde. Über fünfundzwanzig Kirchspielen stand ein Ältester, der mit dem Visitationsrechte ausgerüstet war, über fünfundzwanzig Ältesten der Vorsteher (bishop). Auch in administrativer und militärischer Hinsicht bestand eine ähnliche Abstufung. Alle Ernennungen vollzog der Tien-wang.

Die täglichen Gebetszeiten waren genau bestimmt. Grofse Gongs auf des Tien-wang Palast gaben das Zeichen zum Beten; einer teilte es dem andern mit, und sofort knieete alles nieder. Am Samstage, dem Sabbath, war zweimal Gottesdienst. Dieser wurde in der grofsen Gebetshalle der Parochie abgehalten, wobei die Männer rechts, die Frauen links, zu ebener Erde auf Bänken safsen und der Prediger hinter einem einfachen Altartische stand, — ähnlich wie beim Gottesdienste der herrnhutischen Brüdergemeinden. Man begann mit dem Lesen eines Bibelkapitels; dann folgte die Litanei, die Predigt, die vorgelesen und nachher verteilt wurde (anglikanischer Ritus), hierauf ein Hymnus, dann der Heilruf für den Kaiser, von allen Instrumenten begleitet, die Verlesung der zehn Gebote und schliefslich ein Bitthymnus. Weihrauch und sogar Schwärmer wurden bei den Ceremonien verwendet. Am Sabbathtage herrschte allenthalben vollkommene Ruhe.

Einmal im Monate versammelte sich die ganze Gemeinde unter freiem Himmel vor der Stadt auf einem Hügel unter der Wang-Flagge (mass-meeting). Auch die Truppen nahmen an dieser Zusammenkunft teil, indem sie die Versammlung rings umgaben. Dann hielt der Mo-wang (Gouverneur) erst eine religiöse, dann eine sozial-politische Ansprache, worin den Anwesenden allerlei Lehren gegeben wurden.

Besonderer Gottesdienst wurde in den Gebäuden der Militär-, Gerichts- und Verwaltungsbehörden gehalten; doch war hier ein einfacher Saal der Sammelplatz der Andächtigen.

Aber auch auf das Leben innerhalb der Häuslichkeit erstreckten sich die religiösen Übungen. Die Kinder lernten von den Müttern Gebete, welch letztere für alle Lebenslagen und Ereignisse festgesetzt waren. Man betete morgens, bei Tische und abends.

Alle Geistlichen gingen in schwarzen Seidengewändern einher, mit ebensolcher Kopfbedeckung. Die Ältesten trugen an dieser einen Perlenschmuck und die Vorsteher eine kronenähnliche Mütze.

Sakramentale Handlungen waren die Taufe, durch welche die erwachsenen Kinder und die Bekehrten in die Gemeinschaft des Taipingtums aufgenommen wurden. Sie hatten vorher ein Sündenbekenntnis abzulegen und ein Gebet um Vergebung der Sünden zu verrichten. Getauft wurden sie im Namen der göttlichen Dreiheit, des Vaters, des Sohnes (Jesus) und des Geistes, „der auf dem jüngeren Bruder (d. i. dem Tien-wang) ruhte;" — hier begann also das religiöse Gemisch. Bei der Feier des Nachtmahls (an jedem Sabbath) leerte der Prediger am Altar drei Tassen Thee auf die Dreieinigkeit. Die Ehe wurde von den Predigern in der Bethalle eingesegnet; Scheidung war unbekannt, Ehebruch mit Todesstrafe belegt. Als hohes Fest galt die Weihnachtsfeier, die mit Geschenkgeben verbunden war. Auch bei Begräbnissen waltete der Prediger seines Amtes.

Der heiligen Schriften der Tai-ping waren mehrere: 1. Das Buch der religiösen Vorschriften der Tai-ping-Dynastie, 2. Der trimetrische Kanon (Trimetrical classic), 3. Die Ode für die Jugend, 4. Das Buch der himmlischen Verordnungen, 5. Das Buch der Erklärung des göttlichen Willens, 6. Die kaiserliche Bekanntmachung über die Tai-ping, 7. Die zehn Gebote, 8. Die ceremoniellen Regulative, 9. Das Buch Genesis, Kapitel 1—28, 10. Das Neue Testament. Diese Bücher, zusammen mit 11. den Proklamationen des Ost- und Westkönigs, 12. dem Kanon der Einrichtung des Heeres, 13. den Regeln des Heerwesens und 14. dem neuen Kalender wurden im Frühjahre von 1853 durch das britische Kriegsschiff „Hermes" nach Schang-hai und zur Kenntnis der christlichen Missionare gebracht.

Folgende Proben aus den heiligen Schriften mögen hier Aufführung finden.

I. Dekalog („Die zehn himmlischen Gebote").
1. Du sollst den grofsen Gott ehren und anbeten.
2. Du sollst keine falschen Geister (Götter) anbeten.
3. Du sollst den Namen Gottes nicht unnütz gebrauchen.
4. Du sollst am siebenten Tage, dem Tage des Gottesdienstes, den grofsen Gott für seine Güte preisen.
5. Da sollst deinen Vater und deine Mutter ehren, dafs deine Lebenstage mögen verlängert werden.
6. Du sollst keine Menschen töten noch beleidigen.
7. Du sollst nicht Ehebruch noch irgendwelche Unreinheit begehen.
8. Du sollst nicht rauben, noch stehlen.
9. Du sollst keine Unwahrheit äufsern.
10. Du sollst kein begehrliches Gelüst hegen.

Die Übereinstimmung mit dem mosaischen Dekalog ist in die Augen springend. Nr. 1, 4, 10 sind vereinfacht, Nr. 6 u. 7 verschärft.

II. Das Gebet des Herrn.

Höchster Herr, unser himmlischer Vater,
Vergieb uns all unsere Sünden, die wir in Unwissenheit, widerspenstig gegen Dich, begangen haben;
Segne uns, Brüder und Schwestern, Deine kleinen Kinder;
Gieb uns unsere tägliche Nahrung und Kleidung;
Halte von uns alle Leiden und Trübsale, auf dafs wir in dieser Welt Frieden haben mögen und endlich auffahren gen Himmel, um die ewige Seligkeit zu geniefsen;
Wir bitten Dich, segne die Brüder und Schwestern unter allen Völkern; wir bitten dies um der erlösenden Verdienste unseres Herrn und Heilandes, unseres himmlischen Bruders Jesu willen;
Wir bitten auch, himmlischer Vater, dafs Dein heiliger Wille geschehen möge auf Erden so wie im Himmel.
Denn Dein ist das Königreich, der Ruhm und die Macht.
Amen.

Auch hier ist die Übereinstimmung mit dem christlichen (protestantischen) Unservater ersichtlich. Hinzugefügt ist nur die fünfte Bitte, um auch den Namen und die Verdienste Jesu hineinzuziehen.

III. Die allgemeine Doxologie.

Wir preisen Dich, o Gott, unsern himmlischen Vater,
Wir preisen Jesus, den Heiland der Welt,
Wir preisen den heiligen Geist, die geheiligte Einsicht,
Wir preisen die drei Personen, geeint als wahren Geist.
Ähnlich den altchristlichen Hymnen.

IV. Der trimetrische Kanon.

Dieser ist ein längeres episches Gedicht. Jeder Vers enthält drei Worte, jede Strophe vier Verse. Es wird eine kurze Beschreibung des Christen- und Taipingtums gegeben, ferner von der Weltschöpfung, über Jesu Leben und Tod, über das chinesische Reich, die tatarische Herrschaft bis zur Sendung Hungs, des „jüngeren Bruders", der die alte Reinheit der Religion wiederherstellen soll.

Die ganze Darstellung ist etwas konfus und zeugt von den mitunter unklaren religiösen Anschauungen in des Tien-wang Kopfe.

V. Die Ode für die Jugend.

Dies Gedicht enthält in vierunddreifsig Strophen zu je vier Zeilen den ganzen Moralkodex der Tai-ping. Die Themata sind: Über die Verehrung Gottes, Über die Verehrung Jesu, Über die den Eltern schuldigen Ehren, Über den Hof, Über die Pflichten des Herrschers, der Beamten, der Familien, des Vaters, der Mutter, der Söhne, der Töchter, der Schwiegertöchter, der älteren Brüder, der jüngeren Brüder, der älteren Schwestern, der jüngeren Schwestern, der Gatten, der Gattinnen, der älteren Schwägerinnen, der jüngeren Schwägerinnen, des männlichen Geschlechtes, des weiblichen Geschlechtes, Über die Eheschliefsung, Über den Gebrauch des Herzens, der Augen, der Ohren, des Mundes, der Hände, der Füfse, Über den Weg, den Himmel zu erlangen.

Die Wirkung dieser Schriften auf die christlichen Missionare war sehr verschieden. Die jesuitischen gingen, völlig apathisch dagegen, nach wie vor in Landestracht (mit dem Zopfe) umher und bekehrten — unbehindert —, was die Toleranz der Tai-ping bekundet. Die anglikanischen teilten sich in zwei Parteien. Die strengen Highchurchler nahmen Anstofs an der Bezeichnung des Tien-wang als des „jüngeren Bruders Christi". Allein diese Bezeichnung ward nur metaphorisch gebraucht, und in ihr selbst liegt eine Unterordnung unter den Stifter des Christentums. Der Vergleich ist aus dem chinesischen Familienleben genommen. Der Vater hat (wie Gott) die Allgewalt; nach ihm kommt als der oberste, dem Achtung und Gehorsam gebührt, der älteste Sohn (wie Jesus), dem auch der jüngere Bruder (wie der Tien-wang) gehorchen mufs. Die Bezeichnung „jüngerer Bruder Christi" ist also eher als demütige aufzufassen; auch hat der Tien-wang nie Anspruch auf Sündlosigkeit und irdische Unsterblichkeit gemacht. So urteilten denn auch die toleranteren anglikanischen und protestantischen Geistlichen und Missionare, z. B. Dr. Medhurst: „Die Tai-ping sind keine Unchristen. Goldne Worte sind in ihren Schriften. Die Ode für die Jugend kann ein christlicher Missionar Wort für Wort unterschreiben."

Die politische Organisation der Tai-ping ging mit der religiösen Hand in Hand. Es wurde ein Ministerium gebildet, dessen Premierminister Jang war, der Ostkönig. Wei, der Nordkönig, erhielt das Ministerium des Krieges, Fung, der Südkönig, das der Justiz und der Finanzen, Siau, der Westkönig, jenes der Kirchen- und Zivilverwaltung, Schi, der Assistenzkönig, das des Auswärtigen und der öffentlichen Arbeiten. Die fünf Minister bildeten zugleich eine Art Parlament, das Pläne und Entwürfe gemeinsam ausarbeitete und sie dem Tien-wang zur Genehmigung unterbreitete. Unter den Ministern standen die Provinzstatthalter und unter diesen die Stadtgouverneure und Dorfschulzen; Verwaltung und Justiz lagen in einer Hand. Über den Gerichten stand als oberster Appellhof der Gerichtshof zu Nan-king, dessen Sitzungen stets pomphaft waren. Den Magistratspersonen stand ein Ältestenrat zur Seite. Die Justifizierung geschah gerecht und schnell. Die Tortur wurde abgeschafft; die Strafen wurden menschlicher; die höchste, die Todesstrafe, ward an dem Verbrecher durch Enthauptung vollzogen, worauf die öffentliche Ausstellung des abgeschlagenen Hauptes erfolgte.

Die soziale Reform betraf besonders das Leben der Frauen. Die Tai-ping duldeten gesetzlich, wie wir gehört haben, die Polygamie; denn sie sagten, sie sei nirgends in der Bibel verboten. Wie wir aber bemerken, hatte die Zulassung der Vielweiberei ihren Grund in der Überzahl des weiblichen Geschlechtes. Prostitution war, so weit der Einfluß der Tai-ping reichte, mit Todesstrafe bedroht; nur in den Seestädten befanden sich noch Frauenhäuser und Blumenboote (d. h. Bordelle). Alle Frauen im Tai-ping-Staate mußten entweder verheiratet sein oder sie waren in den Frauenkonvikten untergebracht. Überall erfuhren sie eine menschenwürdige Behandlung. Der entsetzliche Mädchenmord sowohl, wie die Kindertötung oder die Aussetzung der Neugeborenen und der Frauenverkauf wurde bei Todesstrafe verboten. Auch das Zeichen der Haussklaverei der Frauen, die Fußverstümmelung, wurde abgeschafft; die Frauen durften an öffentlichen Akten teilnehmen und sollten geradezu die Männer bei ihrem Wirken unterstützen. Sie empfingen deshalb eine sorgfältige Erziehung. So führte einesteils die Tai-ping-Frau die Hausarbeit und beschäftigte sich mit Lektüre, Handarbeit und Musik, während sie andernteils den Mann oft in die Schlacht begleitete, rittlings auf dem Pony oder Maultiere sitzend und mitkämpfend. Übrigens haben sehr viele Tai-ping sich mit einer Frau begnügt.

Die Sklaverei war aufgehoben; die Diener standen, altchinesischem Gebrauche nach, zu der Familie in ehrerbietigem, aber nicht untergeordneten Verhältnisse; an Stelle des despotischen wurde das patriarchalische Regiment wiederhergestellt. Aus der öffentlichen Kasse, in die alles Vermögen abgeliefert worden war, bekam die Familie, was sie verbrauchte; öffentliche Arbeiten fürs Gemeinwohl mußten unentgeltlich gegen Leistung des Unterhalts verrichtet werden. Die Handwerker bekamen das Material vom

Staate geliefert und mufsten das daraus Angefertigte an die Vorratshäuser abgeben. Korn- und Reishäuser wurden allenthalben angelegt, mit eisernem Bestande, um in Zeiten der Kriegsnot oder Teuerung mit ihren Vorräten der Bevölkerung zu dienen.

Das Erziehungswesen erfuhr eine durchgehende Verbesserung. Es gab Volksschulen, höhere Schulen und eine Reichsakademie in Nan-king. Nunmehr hörte die Erwerbung von Graden und Titeln durch Kauf und Bestechung auf; dem Talent wurde freie Bahn eröffnet und es empfing rege Förderung seitens der Behörden.[1])

Das Aussehen und Benehmen der Tai-ping wird uns sehr vorteilhaft geschildert. Sie trugen, wie schon mehrfach erwähnt, ihr Haar frei, wie es ihnen wuchs, und gut gepflegt, Männer wie Frauen. Erstere gingen in weiten Hosen, Westen, kurzer Jacke und Leibshawl, in welch letzterem Schwert und Pistolen steckten, einher; an den Füfsen trugen sie bequeme Schuhe, auf dem Kopfe einen Turban, dessen inneres Ende am linken Ohr vorbei auf die Schulter fiel. Die Frauen zeigten sich in weiten Gewändern, Hosen und längeren Jacken, an den Füfsen trugen sie Sandalen oder auch Schuhe, auf dem Kopfe eine diademartige Zier. Das Haar war vielfach zu einer Krone geordnet. Bemerkt wurde, dafs das Tragen seidener Kleider allgemein war. Das Benehmen der Tai-ping beiderlei Geschlechts war bescheiden, höflich und liebenswürdig. Besonders zuvorkommend und gastfreundlich benahmen sie sich gegen die Ausländer, die Europäer. Nannten die Mantschu diese die „fremden Teufel" (jang-kwitso), so hiefsen die Tai-ping sie im Gegenteil „fremde Brüder".

Die Lebensweise der Tai-ping war einfach. Opulente Mahle kannten sie nicht. Genufs von Spirituosen und Rauchen von Tabak und Opium war bei ihnen verboten, wie wir wissen; — tolerant aber erlaubten sie diese Genüsse den Europäern, die unter ihnen wohnten. Einziges Getränk war das chinesische Nationalgetränk,

---

1) Von grofsem Erfolge werden manche dieser Einrichtungen während der Kriegszeit allerdings nicht haben zeugen können.

der Thee, der überall auftrat, sogar beim Abendmahle in der Kirche, wie wir gesehen haben. Daneben genofs man auch wohl Eiswasser mit Fruchtsäften. Als Nahrungsmittel dienten Reiskuchen, Fische (darunter viele schmackhafte Arten), Brot, Gemüse und Früchte. Die ekelhafte Gewürm- und Insektenesserei war verbannt.

Die Sozialdemokraten könnten also, wie schon erwähnt, an dem Tai-ping-Staate dasjenige absehen, was von ihren Theorieen sich verwirklichen läfst. Nicht gefallen wird ihnen die theokratische Regierungsform, überhaupt die innige Durchdringung des sozialen und politischen Lebens durch das religiöse und die straffe Zentralisierung der Gewalten. Die Wiederherstellung des patriarchalen Urzustandes, unter Aufhebung der Standesunterschiede dürfte ihnen eher behagen. Mit gemischten Gefühlen dagegen werden sie die Ausgestaltung der Theorie der Frauenemanzipation und des Kommunismus betrachten; in beiden wird ihren Forderungen nur zum Teil genügt worden sein. Wir dagegen betrachten die Aufrechthaltung des polygamischen Prinzips im Taipingtum, als den chinesischen Verhältnissen entsprechend, für berechtigt, und wenn wir zwischen dem taipingischen und dem sozialdemokratischen Kommunismus zu wählen hätten, dürften wir uns wohl ohne Bedenken für ersteren erklären.

Tien-te, nachdem er sein allumfassendes Reorganisationswerk vollendet hatte, verschwand aus der Öffentlichkeit. Er kam aufserhalb der Mauern seines kolossalen Palastes nicht mehr zum Vorschein. Nur in ganz seltenen Fällen, wenn grofse freudige oder traurige Ereignisse das Reich bewegten, dann erblickten ihn die Bewohner Nan-kings aus der Ferne, wie er verhüllten Antlitzes unter der mächtigen Reichsflagge hoch droben auf dem obersten Dache des Palastes betend und segnend stand. Über das Leben, das er in letzterem geführt hat, bestehen die verschiedensten Angaben; die einen besagen, er habe sich zu einem wollüstigen und blutdürstigen Despoten entwickelt, der zuletzt ganz stumpfsinnig geworden sei, die andern schreiben ihm ein frommes, entsagungsreiches Leben zu. Lin-li, unser Hauptgewährsmann, schweigt sich aus, bedauert aber doch, dafs sich der „König des Himmels" so abgesondert und unsichtbar gemacht habe.

Niemand also ist imstande, den Tien-wang ferner zu beurteilen; man kann nur annehmen, dafs die Wahrheit der Angaben über ihn sich in der Mitte der beiden Extreme bewegt. Seinem blindgläubigen Volke aber, das nur durch die Proklamationen (jetzt auf gelbem Papier) Kunde vom Dasein seines Kaiser-Papstes erhielt, wurde der geheimnisvolle Mann zum Halbgotte, der den profanen irdischen Augen auf Befehl Gottes entrückt worden war.

8.

Nunmehr fahren wir in der Erzählung des Weitergangs der Revolution fort.

Spätestens im April von 1853 hätten die Tai-ping mit gesamter Macht gen Norden aufbrechen müssen und zwar direkt auf Pe-king los. Die Kaiserlichen waren durch die beispiellosen Erfolge der Gegner völlig niedergeschlagen, rat- und thatlos. Als aber ein paar Wochen vergangen waren, ohne dafs sich die Taiping gerührt hatten, bekamen sie neuen Mut, drangen sogar wieder bis in die Nähe von Nan-king vor.

Der Tien-wang hatte während dieser Zeit die Genugthuung, dafs die Briten sich herbei liefsen, mit ihm in Verbindung zu treten. Zu Schang-hai war in jener Zeit der Hauptsitz der englischen Macht, und von dort aus beobachteten die schlauen Kaufmanns-Diplomaten die Vorgänge in China mit scharfen Blicken, um sie pflichtschuldigst heim zu berichten. Das Kabinett von Saint James, bei seinen politischen Mafsnahmen stets von Egotismus geleitet, befahl abzuwarten. So hatte der Geschäftsträger zu Schanghai, Sir George Bonham, zunächst die englische Neutralität erklärt. Als nun aber die Tai-ping Oberwasser bekamen und nach dem Falle von Nan-king die Herren des Jang-tse-kiang, der gewaltigen Wasser-Handelsstrafse ins Innere Chinas wurden, da hielt man es britischerseits doch für angebracht, aus der Reserve etwas herauszutreten. Sir George wurde beauftragt, dem neuen Kaiser einen Besuch abzustatten und ihn zu begrüfsen.

Auf dem Dampfer „Hermes" fuhr die britische Abgeordnetenschaft stromaufwärts. Als sie die hohen Stadtmauern Nan-kings passierte, empfing sie das Salutgedonner der Taipingbatterien, die die Stromseite krönten. Am Ufer stand ein Kriegerkorps in Waffen, und eine festlich gekleidete Deputation empfing die Engländer und geleitete sie in die Stadt. Der Assistenzkönig Schi und der Nordkönig Wei gewährten alsbald Audienz. Lebhaft betonte Schi, dafs die Tai-ping die Fremden als Freunde ansähen, da sie, wie bekannt geworden wäre, dieselbe Religion besäfsen wie erstere. Als darauf Bonham das erste Gebot aufsagte, fiel ihm der König freudig in die Rede: „Ja, wir sind Brüder! Alles, was Ihr verlangt, soll Euch gewährt sein, nur dürft Ihr die Mantschu nicht unterstützen." Die Briten wurden sehr gastfreundlich aufgenommen; die Tai-ping fraternisierten mit dem Schiffsvolke. Unterm 1. Mai 1853 erging seitens des Ost- und Westkönigs ein Dekret, in welchem den Engländern gestattet wurde, ungehindert aus- und einzugehen im Reiche (to go out or in, forwards or backwards) und ebenso Handel zu treiben. Es war dies ein leichter Erfolg, und die Gesandtschaft hatte mehr erreicht als sie wünschen konnte.

Unterdes waren nun doch die Scharen der Tai-ping von Nan-king aus radienartig nach dem Norden ausgezogen, hatten aber mannigfache Mifserfolge erlitten. Als dann um die Mitte des Mai sich die zurückkehrenden Heeressäulen vereinigten, um Kai-fung und Hwai-king anzugreifen, wurden sie blutig abgewiesen. Längere Zeit blieben sie darauf unthätig stehen, die Befehle des Tien-wang erwartend, die aber nicht kamen. Da unternahmen es die Wangs aus sich, eine allgemeine Offensive zu organisieren und drei Armeen zu entsenden. Li-siu-tscheng, der spätere Tschung-wang, führte die Nordarmee in Gewaltmärschen auf Pe-king zu. Am 4. September 1853 eroberte er Juen-kiu in Schan-si, fiel in Tschi-li ein, nahm eine ganze Reihe von Städten, zuletzt das wichtige Tsing-hai und hatte im Oktober den grofsen Kanal völlig in seiner Gewalt. Am 30. Oktober stand er auf den Hügeln, von denen aus die Tai-ping-Krieger die Riesenstadt Pe-king in der Ferne vor sich sahen; gleichzeitig liefs er die Hafenstadt Tientsin berennen. Aber alle Anstürme der Tai-ping mifslangen, und das scheint den Generalissimus abgeschreckt zu haben. Er blieb unthätig und liefs den Mantschu Zeit sich zu fassen und zu sammeln, ja er ging auf Tsing-hai zurück.

Der feige Mantschu-Kaiser, trotz seiner Jugend schon in Ausschweifungen ebenso erfahren und durch sie entnervt, wie in Staatsgeschäften unwissend und ihnen abhold, dachte bereits an Flucht in die heimatliche Mantschurei. Allein der Reichsrat, der eigentlich während Hien-fongs ganzer Regierungszeit die Geschäfte des Staates leitete — Präsident Prinz Tsai-wan, die Mitglieder Prinzen Twan-hwa, Su-se-hun und Mien-ju, der einzige noch lebende Bruder des verstorbenen Kaisers, entschlossene Männer und keine Fatalisten — beschlofs die gröfsten Anstrengungen. Man proklamierte den Volkskrieg, rief alle Tataren unter die Waffen, füllte die Reihen der Kämpfer mit Gefangenen, Verbannten, Verbrechern und sonstigem Gesindel jeder Art. Binnen kurzem rückte aus Pe-kings Thoren eine kolossale tatarische Armee und bewegte sich, sengend und raubend im eigenen Lande (so dafs die gequälten Bewohner an den Hof petitionierten, sie vor diesen „Freunden" zu schützen) gegen die Tai-ping, die mit grofser Schonung verfahren hatten. Li hatte jedes gewaltsame Wegnehmen von Lebensmitteln verboten; alles sollte bezahlt werden. Plündern war überhaupt untersagt, obwohl man sich jetzt unter dichterer mantschurischer Bevölkerung befand. Einen Mörder und einen Notzüchtiger liefs er köpfen und deren Häupter im Lager umhertragen.

„Die Menge mufs es bringen", dachten die Gewalthaber in Pe-king. Und sie brachte es. Li mit seinem durch Entbehrung und Krankheit geschwächten Heere setzte sich in Tsing-hai fest und hoffte auf Hilfe aus dem Süden. Aber der Tien-wang rührte sich nicht. Der tapfere Generalissimus beschlofs dennoch den vorgeschobenen Posten zu halten, wie später der „Löwe von Plewna" in ähnlicher Weise seinem Herrn einen Dienst zu leisten glaubte, indem er sich in der Bulgarenstadt festlegte. Bald schlossen die tatarischen Myriaden die Tai-ping ringsum ein. Durch fortwährende Ausfälle hielt Li die ihn Blockierenden in Atem; immer noch hoffte er auf Unterstützung. Als diese Hoffnung aber schwand und ebenso die Lebensmittel ausgingen, da faſste er den verzweifelten Entschluſs, durchzubrechen. An einem schneegestöberreichen Apriltage von 1854 fiel er mit den 7000 Mann, die ihm noch geblieben waren, aus und rang sich durch den Kreis der Belagerer durch. Auf der Ebene wurde er von allen Seiten von den tatarischen Reiterschwärmen angefallen, bildete aber Carré und brach sich Bahn. Stets verfolgt und stets fechtend, zog er sich — ein Rückzug war's wie ihn Xenophon und Blücher vollführten — auf Li-tsing zurück, wo ihn die zweite Armee aufnahm.

Diese hatte ihren Marsch im November von 1853 von Ngan-king aus angetreten, die Provinzen Ngan-whui und Schan-tung erobert, im März von 1854 den Hoang-ho überschritten und am 12. April 1854 Li-tsing eingenommen. Jetzt vereinigte sie sich also mit der ersten Armee. Die dritte Armee war von Ngan-king aus — das die Kaiserlichen vorübergehend wiedererobert hatten — den Jang-tse-kiang aufwärts gezogen, und in die Provinzen Kiang-si und Hu-nan eingefallen. Im Mai von 1854 eroberte sie Han-kau, Han-jang und Wu-tschang; alle Plätze der beiden sehr fruchtbaren Provinzen im Umkreise von vierhundert bis fünfhundert (englische) Meilen fielen in ihre Gewalt. Aber nicht hier lag die Entscheidung, sondern bei Li-tsing. Es wuſsten das die Tai-ping so gut wie die Tataren; deshalb folgte nun ein monatelanges erbittertes Ringen um diese Stadt. Endlich sahen sich die Tai-ping gezwungen, Li-tsing zu verlassen; doch behaupteten sie sich in der Umgebung.

Der Versuch also, den Norden zu unterwerfen, war vollständig miſsglückt. Einmal war er mit unzureichenden Mitteln, planlos und nicht im rechten Augenblicke unternommen worden und dann hatte die Mantschu-Regierung es verstanden, den Nationalkrieg zu entfachen, die Tataren um ihre Existenz kämpfen zu lehren.

Es bietet diese Epoche des Ringens der beiden feindlichen Gewalten im Reiche der Mitte viel Analoges mit demjenigen, das sich zehn Jahre später auf dem Ostteile des groſsen nordamerikanischen Kontinents vollzog. Hier wie dort eine groſse Partei:

Nördlinger und Südlinger, eine nördliche und südliche Hauptstadt, um die sich der Kampf dreht. Bei den Konföderierten die bessere Ordnung und Führung, die gröfseren anfänglichen Erfolge wie auch bei den Tai-ping; bei den Unionisten die gröfsere Überzahl, der zähere Widerstand wie bei den Tataren. Wie die Tai-ping das feindliche Reichszentrum Pe-king, so bedrohen die Südlichen die Bundeshauptstadt Washington, ohne einen Angriff zu wagen. Nur die Rollen hinsichtlich des moralischen Prinzips der Bewegung waren vertauscht: die Sache der Humanität vertraten hier die chinesischen Südlichen, dort die amerikanischen Nördlichen. Gesiegt hat schliefslich die Sache der Humanität in Amerika; gesiegt würde sie auch in China haben, wenn nicht — europäische Kultur der asiatischen Barbarei die Hand zur Unterdrückung der Tai-ping-Bewegung geboten hätte. —

Tien-te beging, wie erwähnt, auf den Fehler, dafs er den Versuch der Eroberung Nordchinas nicht im günstigen Augenblicke ins Werk setzte, sofort den andern, dafs er nicht diejenige Südchinas vollendete und dieses als besonderes Reich konstituierte. Er that noch Unheilvolleres und brachte sich dadurch um alle Erfolge.

Nach dem Falle von Nan-king erhob sich an der Meeresküste der Triadenbund und rief unter Tschin-ah-lin zum Kampfe gegen die Mantschu auf. Eine mächtige Bewegung durchflammte das Landvolk; zu Tausenden strömten die durch die Greuelthaten der tatarischen Beamten erbitterten Bauern den Empörern zu. Bereits binnen einem Jahre war die ganze Küste von Hia-men (Amoy) bis Schang-hai in ihrer Gewalt. Im Juli von 1854 bemächtigten sie sich ersterer Stadt; am 7. September 1854 eroberten sie Schanghai, wo sie 70 000 Pfund Sterling erbeuteten. Sie hatten ihre Abneigung gegen den Kommunismus der Tai-ping, scheint es, ganz überwunden; denn sie sandten von Schang-hai aus eine Deputation an den Tien-wang ab und wollten sich ihm unterstellen. Aber da erwies dieser sich äufserst hochmütig, und lehnte ihr Ansuchen ab; weil sie unchristlich wären, wollte er nichts mit ihnen zu schaffen haben. Wie der sonst so scharfsichtige Luther eigensinnig die Hand des milden, versöhnlichen

Zwingli zurückstiefs und damit die unheilvolle Kluft zwischen den Protestanten rifs, so schieden sich hier auch Taipingtum und Triadenbund, diesmal endgiltig.

Und die Gewalt, die Lutheranern und Reformierten infolge ihrer Uneinigkeit so vielen Abbruch gethan hatte, sollte auch hier, den streitenden „Gläubigen" gegenüber, dieselbe Rolle spielen: nämlich der jesuitische Katholizismus. Tai-ping wie Triadisten verabscheuten die Muttergottesbildverehrung als Götzendienst, und das lud den Zorn der jesuitischen Missionare auf sie. Da nun die Europäer nicht gern die wichtige Seestadt Schang-hai in den Händen einer selbständigen Macht wissen wollten, so wurde es den Jesuiten leicht gemacht, gegen den Triadenbund zu agitieren. Die Briten enthielten sich zwar hier des Eingreifens, vielleicht aber nur aus dem Grunde, weil sie von den Franzosen überrascht wurden und diese ihnen zuvorkamen. Sie liefsen sie aber gewähren, eingedenk der Waffeneinung, die sie fern im europäischen Westen, im Krimkriege, um dieselbe Zeit geschlossen hatten.

Louis Napoleon, der neue Kaiser der Franzosen, kämpfte bekanntlich stets für die „Civilisation", nicht minder aber für den katholischen Glauben. Er hat das dreizehn Jahre später bei Mentana sattsam bewiesen. So auch hier. Als die Mantschu-Truppen zur Wiedereroberung von Schang-hai anrückten, teilte Admiral Laguerre deren Befehlshaber mit, er habe Auftrag von seiner kaiserlichen Regierung, Schang-hai von der Seeseite zu blockieren, um die „Rebellen" zu bezwingen. Also geschah's. Die Einschliefsung Schang-hais begann im Dezember von 1854. Als sich die Triadisten heldenmütig zur Wehre setzten und den Mantschu vielen Schaden zufügten, legten sich die französischen Kriegsschiffe von der Reede aus ins Mittel. Ein allgemeiner Sturm begann am 17. Februar 1855. Da verliefsen die Triadisten nächtig die Stadt, brachen durch die Linien der Mantschu durch und entkamen. Nur etliche hundert von ihnen fielen den Barbaren in die Hände, die, wütend darüber, dafs sie so wenige Gefangene gemacht hatten, sich an den Ärmsten durch desto ausgesuchtere Grausamkeiten schadlos hielten. Sie wurden zu Tode gemartert. Doch scheinen gröfsere

Massacres in Schang-hai wahrscheinlich durch die Franzosen verhindert worden zu sein; auch die sonst obligate Plünderung hat nicht stattgefunden.

Die „Rebellen" zerstreuten sich über die Südprovinzen. Jih, der Kwang-tung und Kwang-si als Vizekönig „beglückte", veranstaltete wieder ein allgemeines Menschenjagen und -schlachten zu Wasser und zu Lande. Kopfabschneiderbanden lieferten ihm so und so viele Rebellenhäupter gegen feste Preise; auf der See fingen „kaiserliche Piraten" — den stolzen Ehrentitel führten die wilden Gesellen — die Dschunken ab, die die „Verdächtigen" enthielten. „Lieferungen" durch den Henker und grofsartige „Noyaden" wie die von Nantes — man wird stets an die französische Revolution erinnert — fanden fast täglich bei Kanton statt. Nun beteiligte sich auch die britische Flotte unter Sir J. Bowring an der Wegsäuberung der Rebellen an der Küste entlang. Die bösen Triadisten hatten nämlich ebenfalls dem Opiumhandel den Krieg erklärt, und so etwas durfte sich das opiumhandelnde mächtige und — humane England nicht bieten lassen.

So unglücklich endete die Triadenbund-Bewegung — ein Menetekel für das Taipingtum. Aber leider ein vergebliches.

Anno 1854 besuchte der amerikanische Resident zu Schanghai und mit ihm der Missionar Dr. Bridgeman die Taiping-Hauptstadt. Der letztere hat uns einen Bericht darüber zurückgelassen, der eine unparteiische Schilderung des Tien-kwo enthält. Er bezeichnet Nan-king als ein einziges grofses Kriegslager (men are in arms and women on horseback), zugleich aber als eine Friedensstadt, in der die Geschäfte blühten, der Verkehr ungehindert war, Handel und Wandel sich fröhlich vollzogen. Der theokratische Charakter des Taipingtums fiel ihm sofort auf, nicht minder aber die energische Administration, die Handhabung einer guten Polizei, die herrschende Ordnung und Disziplin. Die Bibel (in Gützlaffs Übersetzung) und das Formularbuch der Tai-ping riefen sein Erstaunen wach, das kommunistische Leben (die Verteilung von Lebensmitteln, Kleidern, Medizin u. s. w.) nicht minder. Er wohnte Taufen, Trauungen, Beerdigungen und litterarischen Examen bei;

er sah die Tai-ping in ihren roten und gelben Turbanen und seidenen Kleidern einhergehen und war erfreut über die Beobachtung einer gemäfsigten Etikette und eines würdigen Dekorums.

Zu Ende des Jahres 1854 zogen sich die beiden Taiping-Armeen von ihren vorgeschobenen Posten zurück und konzentrierten sich um Nan-king. Auch Wu-tschang und Han-kau gaben sie auf; es war eine Zeit der Ermüdung ihres Siegeslaufes eingetreten. Li allein behauptete sich mit seinem wieder verstärkten Korps bei Kwei-tschau. Die Tataren fafsten daher neuen Mut und zogen ihre Scharen um Nan-king zusammen; sie dachten sogar ernstlich daran, zur Belagerung der Riesenstadt zu schreiten. Als sie aber zu beiden Seiten des Jang-tse-kiang stromauf zogen, fielen die Tai-ping über sie her und trieben sie nach furchtbarem Mordgemetzel auf Su-tschau und Schang-hai zurück. Den Oberlauf des Flusses behielten die Sieger in ihrer Gewalt. Sie vermochten im folgenden Jahre (1855) das Nordheer erheblich zu verstärken und auch ein West- und Südheer auszusenden, welch ersteres Han-kau und Wu-tschang wieder eroberte und das Land von den Mantschu säuberte, so dafs 1856 die drei Heere nach Nan-king zurückkehren konnten, nachdem sie in allen gröfseren Städten Besatzungen zurückgelassen hatten. Fung, der Südkönig, und Siau, der Westkönig, waren bei den vielen Treffen, obwohl siegreich, gefallen, und ihre Stellen wurden nicht wieder besetzt.

Die drei folgenden Jahre, 1857—1859, vergingen beinahe ohne Kämpfe. Die Tai-ping hatten drei Viertel der Provinz Nganwhui, ein Drittel von Kiang-su, ein Drittel von Kiang-si und Teile von Hu-nan und Hu-pe in ihrer Gewalt, etwa 70000 (englische) Quadratmeilen mit 25 Millionen Einwohnern. Ein Mangel war, dafs sie die Seeküste nicht besafsen und dafs namentlich der Vizekönig Jih zu Kanton sich gegen sie behauptete.

Die Mantschu hatten 1856 noch einmal eine Bedrohung Nankings versucht, von der wunden Stelle, von Osten aus. Die Tai-ping aber schlugen sie bei Tschin-kiang gründlich aufs Haupt und zerstörten ihre Schanzen. Seitdem blieb es auch auf dieser Seite ruhig, für die nächsten Jahre wenigstens.

Es hatte dies Ruhigbleiben aber noch in anderem seinen Grund. Anno 1857 war der Streit zwischen Chinesen und Engländern ausgebrochen. Jihs Gewaltthaten hatten das Bombardement von Kanton veranlaſst, und daraus entspann sich der vierjährige anglo-französisch-chinesische Krieg. Bei seinem Beginne erinnerte man sich im britischen Lager der Tai-ping wieder; sie waren jedenfalls nicht zu verachtende Bundesgenossen, die man gebrauchen konnte und die auch so kindlich waren, sich von den „fremden Brüdern" gebrauchen zu lassen, so lange es diesen nützlich erschien.

Die Tai-ping hatten seit dem letzten Angriffe der Mantschu mit aller Macht an der besseren Befestigung von Nan-king gearbeitet. Schanzen und Erdwerke umgaben die groſse Stadt rings auf der Landseite; die Stromseite ward mit neuen Bastionen versehen und diese wurden durch Batteriebauten verstärkt. Auf der Nordseite des Jang-tse-kiang wurde von Han-kau ab eine siebzig Meilen lange Reihe von Befestigungen angelegt; auch die Inseln im Strome erhielten Forts, so daſs der ganze Strom auf dieser Strecke unter Artilleriefeuer genommen werden konnte. Mehrere Male hatte eine mantschurische Flotte den Durchgang zu erzwingen gesucht; sie war jedesmal zurückgetrieben worden. Als nun im Frühjahre (anderswo heiſst es November) von 1858 abermals ein Geschwader von vier groſsen Schiffen den Blauen Strom hinaufschwamm, gaben, den Befehlen gemäſs, die Strandbatterieen vor Nan-king Feuer darauf. Aber da kamen sie übel an. Die Schiffe waren englische Men of war, auf denen Lord Elgin, der englische Bevollmächtigte, nach Nan-king hinauffahren wollte, um den Tien-wang zu besuchen. Sofort begannen die britischen Teerjacken, denen nichts lieber als Bombardieren ist — vergl. Kopenhagen, Kanton, Alexandria, Sansibar u. a. — ein fünftehalbstündiges Feuer, daſs die taipingischen Befestigungen wie Spreu zerstoben und ihre Geschütze schwiegen. Der groſsbritannische Leopard hatte seine Visitenkarte abgegeben: Sei artig, oder ich freſs' dich! Lord Elgin, stolz auf solch groſsartige Einführung, trat nichtsdestoweniger mit verbindlichstem Lächeln im Antlitze vor die Gewalthaber in Nan-king, bedauerte das unverschuldete Vorkommnis, wiederholte das Neutralitätsversprechen der Regierung seiner grofsen Queen den chinesischen „Brüdern" gegenüber und erklärte es als seine feste Überzeugung, es sei notwendig, dafs Engländer und Tai-ping gegen die barbarischen Mantschu zusammenhielten.

Er hat momentan vielleicht fest an diese innere Überzeugung geglaubt, der Lord. Die Tai-ping glaubten daran auf alle Fälle; sie meinten, nunmehr an den Briten einen zuverlässigen Bundesgenossen zu haben. Entsetzlich sollten sie sich täuschen.

9.

Um die Zeit, als sich Lord Elgin bei den Tai-ping als Abgesandter Albions so zweckentsprechend einführte, waren in Tienking, der Hauptstadt des Tien-kwo, eigentümliche Ereignisse vor sich gegangen.

Der Tien-wang war fast vier Jahre hindurch nicht aus seiner Abgeschlossenheit hervorgetreten. Es geschah dies weder, als das Waffenglück sich den Gläubigen zuneigte, noch als es sich von ihnen zeitweise abwandte. Und doch hätte das Erscheinen seiner Person im Kriegslager gewifs den besten Eindruck gemacht. Denn wie einst der grofse Friedrich und Napoleon durch ihre Anwesenheit die Soldaten elektrisierten, so war auch die Person Tien-tes den Tain-ping wie der leibhaftige Kriegsgott erschienen, der vor ihnen herging, um die bösen Dämonen, d. h. die Mantschu zu vernichten.

Nun scheint es, dafs es unter den Anführern der Tai-ping Männer gab, die es im Interesse der grofsen und heiligen Sache, der sie dienten, für angebracht hielten, den Tien-wang aus seiner apathischen Stellung herauszureifsen. Nach den Berichten, die sich vielfach widersprechen und die wir meist taipingfeindlichen Quellen entnehmen, hat sich dabei folgendes zugetragen:

Jang, der Ostkönig, und Wei, der Nordkönig, waren schon längere Zeit hindurch erbittert über das Treiben des Tien-wang. Dieser brachte sein Dasein zwischen den Schwelgereien des Harem und den Ekstasen seines visionären Lebens hin. Er verweichlichte, verfrömmelte und wurde dabei argwöhnisch, rachsüchtig und blutgierig, kurz, er arbeitete sich in eine cäsarenwahnsinnige Verfassung hinein. Öfter hatten ihn die beiden Wangs von dem Wege, der nach ihrer Ansicht zum Untergange des Reiches führen mufste, abzubringen versucht, allein vergebens. Tien-te vergrub sich nur noch tiefer bei seinen Weibern und erliefs religiöse Edikte, die den Stempel offenbarer Verrücktheit trugen. Diese wurden allerdings dann von den Königen unterdrückt. Aber eines Tages, als der Tien-wang sich bei Besinnung befand, machte ihn eine seiner Frauen, die auf Jang nicht gut zu sprechen war, darauf aufmerksam, dafs der Ostkönig sich alle Gewalt anmafse und es sogar wage, seine, des Tien-wang Befehle unausgeführt zu lassen. Also Haremsintriguen spielten nun in die innere Geschichte des Tien-kwo hinein. Der Tien-wang, in höchste Wut gebracht, befahl Jang, vor ihm zu erscheinen. Diesem aber, der wohl wufste, dafs ihm nichts Gutes bevorstand, gelang es, den Wei zu bereden, den unfähigen Tien-te zu beseitigen und seinen Sohn Hung-fu-tien an seine Stelle zu setzen. Sie versicherten sich ihrer Anhänger, und die Palastrevolution wurde insceniert.

Aber in einem hatten die Verschwörer sich verrechnet, und das war die dem „Könige des Himmels" ergebene, treue Leibwache, die der Bruder Tien-tes, Schi-ta-kai, befehligte. Ob diesem der Plan verraten wurde, oder ob der Streich auf andere Weise mifsriet, — kurz, er mifsriet. Es erhob sich bei dunkler Nacht innerhalb der Palastmauern der Reichsstadt Tien-king ein furchtbares Massacre, das damit endete, dafs die Empörer vernichtet wurden. Sämtliche Gefangenen wurden am anderen Tage enthauptet, und die Bewohner von Nan-king sahen mit Schrecken plötzlich die Aufsenwälle des Palastes mit den Köpfen der Rebellen gekrönt. Bald nachher trugen Leibwächter des Tien-wang, von Ausrufern begleitet, die Köpfe der Wangs durch die Strafsen der Stadt und verkündeten den Gläubigen, dafs die beiden als Verbrecher gegen die geheiligte Majestät des Kaiser-Hohenpriesters samt ihren Anhängern den verdienten Lohn erhalten hätten. „Beachtet dies!" beendeten die Ausrufer ihre Worte, und das Volk sank auf die Kniee, um zu beten.

Solches geschah im November von 1856, und so wird es uns, wie gesagt, von taipingfeindlichen Berichterstattern erzählt. Lin-li geht darüber rasch hinweg. Er bemerkt blofs: Der Ost- und Nordkönig kamen bei dem Versuche, gegen den Tien-wang zu revoltieren, um; sie wurden mit vielen ihrer Anhänger hingerichtet.

Jang war, wie wir wissen, eine herrische Natur und die Seele der kriegerischen Unternehmungen, und auch Wei war ein energischer Mann. Man kann die beiden recht wohl den Moltke und den Roon der Tai-ping nennen. Es ist leicht denkbar, dafs Jang bei der zunehmenden Apathie des Tien-wang geglaubt hat, es sei möglich, sich an dessen Stelle zum Beherrscher des Tai-ping-tien-kwo aufzuschwingen. Gewifs würde es für letzteres von Vorteil gewesen sein, wenn es so gekommen wäre. Allein das Schicksal entschied gegen Jang, und es ist sehr zu bedauern, dafs der thatkräftige und intelligente Mann nebst seinem Kollegen also enden mufste.

Doch an seiner Stelle sollte dem Staate ein anderer Reformator entstehen, der diesen noch einmal zu Glanz und Ehren zu führen bestimmt war. Das war der Vetter des Tien-wang, der gewaltige Hung-dschin.

Anfangs unserer Geschichte haben wir gehört, dafs Hungdschin als Prediger des Taiping-Evangeliums unter den Miau-tse gewirkt habe. Er war diesem friedlichen Werke auch treu geblieben, als sein Vetter mit seinen Anhängern sich kriegerisch gen Norden erhob. Allein bald rückten die tatarischen Scharen auch gegen die wilden Berggegenden des Miau-tse-Landes und trieben die Gläubigen von Schlupfwinkel zu Schlupfwinkel. Hung mufste schliefslich dieses Gebiet verlassen; da sammelte er eine Anzahl von Verwegenen und Verzweifelten um sich und warf sich in die Provinz Kwang-tung, um hier eine Guerilla gegen die Mantschu zu eröffnen. Aber die fürchterlichen Schlächtereien der letzteren brachten das gequälte Volk dazu, sich der Person des grofsen Rebellen zu bemächtigen. Mit seinen weiblichen Verwandten, dem späteren Jing-wang und einem Dutzend anderer Genossen wurde er den Mantschu ausgeliefert und kam nach

Kanton ins Gefängnis. Schon harrten aller Marter und Tod — sie waren zur Zerstückelung verurteilt —, da gelang es ihnen bei einer Revolte, als das hungernde Volk die Gefängnisse stürmte, auf fast wunderbare Weise — Hung verglich seine Rettung mit der Befreiung der Apostel Petrus und Paulus — auszubrechen und in die Berge zu entrinnen. Mannigfache Abenteuer bestanden sie dort; Hung begab sich mit Jing und seinen Verwandten in Begleitung des Missionars Mr. Hamberg, stets verfolgt, nach Hongkong im April von 1852. Er blieb hier indes nur für kurze Zeit, dann verschwand er, bekleidete eine Stelle als Lehrer und kam als solcher wieder zu Mr. Hamberg, der ihn im reinen Christentume unterwies. Er wurde im November von 1853 getauft und begab sich 1854 nach Schang-hai. Dort wurde er Prediger bei der „London Mission Society" und wirkte als solcher drei Jahre, 1855—1858.

Er wird hier von den inneren Zuständen im Taipingtume vernommen haben, und dies brachte ihn wohl zu dem Entschlusse, helfend einzugreifen und zu bessern. Um die Mitte von 1858 machte er sich ohne jede Begleitung zu Fuſs von Schang-hai nach der Residenz des Himmels auf und langte unter mannigfachen Gefahren und Abenteuern dort an. Fünfundvierzig Jahre, also genau so alt wie der Tien-wang war er. Dieser empfing den Vetter mit groſser Freude, betitelte ihn Kan-wang (Schildkönig) und erhob ihn zu seinem Premierminister.

Als solcher ist denn auch Hung-dschin der religiös-politische Bismarck-Napoleon des Tien-kwo geworden. Er fand eine Riesenarbeit vor; aber er beendete sie innerhalb eines Jahres.

Blicken wir nun zunächst in die Verhältnisse, wie sie im Tien-kwo und besonders in der Reichshauptstadt Tien-king lagen.

Tien-king oder Nan-king war, wie erwähnt, von den Taiping zu einem mächtigen Bollwerke umgeschaffen worden. Die Stadt zählte damals etwa eine Million Einwohner, hatte aber infolge der groſsen, in ihren Bereich gezogenen Strecken Ackerlandes, Wiesen und Gärten einen viel bedeutenderen Umfang.

Mit Ausnahme des zerstörten und verwüsteten Tatarenviertels war sie völlig bewohnt. Um die Stadt zog sich die vierzig Fufs hohe, siebzehn Fufs dicke Ringmauer mit hohen Zinnen, vielen Schiefsscharten, festen Türmen und zehn mächtigen stollenartigen Thoren. Die Hauptstrafsen, die die Stadt durchschnitten, waren breit und liefen gerade. An ihnen standen die einstöckigen Häuser mit den ausgeschweiften Dächern. Mitten in der Stadt erhob sich des Tien-wang Palast, wie die übrigen Neubauten der Grofsen in neuchinesischer Architektonik von europäischen Baumeistern erbaut. Die Gebäude waren mit buntglasierten Porzellanplatten bekleidet, die Dächer mit roten Ziegeln gedeckt; ums Ganze zog sich ein mächtiger gelber Wall, davor befand sich ein breiter Graben. Darüber erhoben sich schlanke, minaretähnliche Türme, auf denen die riesigen Alarm- und Gebetsgongs standen. Auf der Mitte des Hauptgebäudes, das alle anderen überragte und ein flaches Dach zeigte, wehte des „Königs des Himmels" gelbes Seidenbanner. Die Gebäude enthielten zahllose Säle und Zimmer, Kirchen, Staats- und Privatgemächer und waren von Kasernen, Höfen und Gärten umgeben. Reisende versichern, dafs sich des Tien-wang Residenz in Nan-king in vieler Beziehung mit dem Kreml, der alten Zarenburg zu Moskau, habe vergleichen lassen. Ähnlich waren, nur in verkleinertem Mafsstabe, die Paläste der Wangs eingerichtet. An Stelle der alten Tempel mit ihren Idolen und den Pagoden erhoben sich Bethäuser und Minarets. Der grofse achteckige, zweihundertfünfzig Fufs hohe, in neun Absätzen aus Backsteinen erbaute und mit Porzellanplatten bekleidete Turm im früheren Tempel der Erkenntlichkeit mit seinen Lampen und Glocken war bis auf seinen Unterabsatz abgetragen worden, und auf diesem erhob sich ein schlanker Gebetsturm. Reges Leben herrschte in der Reichshauptstadt; besonders blühte die Fabrikation von Stoffen aus der gelben (Nan-king-)Baumwolle. Aber auch alles religiöse und politische Leben konzentrierte sich hier.

Die Reformen, die der Kan-wang unternahm, erstreckten sich auf alle Gebiete, vorzüglich auf dasjenige des Heerwesens. Als seine Gehilfen und Mitminister berief er den Schi-ta-kai

(I-wang), des Tien-wangs Bruder, den bisherigen Assistenzkönig, dem er das Äufsere überwies, ferner den Ting-wang, dann den Tschung-wang (den „getreuen König", d. i. Li-siu-tscheng, den tapfern Bedroher Pekings), der das Kriegswesen übernahm, den gelehrten Tschang-wang als Minister des Innern, und den Jing-wang. Besonders das Organisationstalent des Tschung-wang, des kräftigen dreiunddreifsigjährigen Mannes mit europäischen Manieren, unterstützte seine Bemühungen wesentlich; letzterer wurde deshalb auch zum Oberfeldherrn ernannt und erhielt das Recht — wie der Tien-wang —, eine massiv goldene, mit Perlen und Saphiren geschmückte Krone, ein Scepter von Jade mit Juwelen, aufserdem ein gelbes, gold- und silbergesticktes Gewand zu tragen und die Verehrung durch Knieebeugen zu verlangen. Auch hatte dieser Wang eine Leibwache von Miau-tse, schönen, tapferen Leuten, die das lange Haar auf dem Kopfe zu einem Kranze gewunden trugen und unter dem grünen Banner des Tschung-wang marschierten.

Der Titel Wang wurde nunmehr auch den oberen Militär- und Verwaltungsbeamten des Taipingstaates überhaupt verliehen. Jeder Wang hatte unter seiner Kontrolle 100 000 Köpfe in politischer, sozialer und militärischer Beziehung. Aus diesen wurde je ein Korps von 13 125 Mann ausgehoben, das unter einem kommandierenden General (kiun-schwai) stand. Es setzte sich aus fünf Divisionen zu 2625 Mann unter einem Divisionsgeneral (sze-schwai) zusammen, die Division aus fünf Regimentern zu 525 Mann unter einem Oberst (liu-schwai), das Regiment aus fünf Kompagnieen zu 105 Mann unter einem Hauptmann (tsuh-tschang) mit vier Leutnants (liang-sze-ma). Die Offiziere, die sorgfältig ausgewählt wurden, führten eine Standarte mit besonderem Abzeichen. Sie trugen seidene Kaftane und eine seidene Schärpe oder eine Kappe mit einem Juwel, dessen Form und Kostbarkeit ihren Rang bezeichnete (silken scarf or hood with a jewel), an heifsen Tagen breitrandige Strohhüte mit derselben Zier. Bestaunt wurden von den Ausländern stets die kostbaren, mit Tierstickereien bedeckten Kleider der Wangs. Die Soldaten teilten sich in drei Gruppen: solche von sechs- und mehrjähriger Dienstzeit (Garde), solche von drei- bis sechsjähriger (Linie) und solche von weniger als dreijähriger (Rekruten); die Garden führten bei jeder Division als Auszeichnung eine schwarze Flagge. Bei jeder Division befand sich auch eine Abteilung Kavallerie. Dagegen kannten die Tai-ping bis 1860 keine Feldartillerie, die im genannten Jahre erst Lin-li, vom Tschung-wang zum Artillerieinspektor ernannt, organisierte. Die Bewaffnung bestand aus Gewehren (Luntengewehren, Gingals, einer eigentümlichen Art von Feuerschlofsgewehren und Musketen, letztere für die Garden), Bambusspeeren mit eiserner Spitze, acht bis achtzehn Fufs lang, und doppelhändigen (-griffigen) Jatagans, von denen die Reiter längere Exemplare führten. Auch der tatarische Bogen wurde verwandt. Bei jedem Regimente befanden sich zwölf Tubenbläser und ebensoviele Trommler, sowie eine Anzahl Hoboisten, Pfeifer und Schlangenhornbläser (serpent horns). Die Regimenter waren gleichförmig gekleidet; sie trugen schwarze, weifse, rote, gelbe, blaue und grüne Seidenjacken und ebensolche Turbane, boten also zusammen mit den verschiedenartigen und -farbigen Feldzeichen ein buntes Bild dar.

Kriegführung und Schlachtordnung der Tai-ping sind ebenfalls näher beachtenswert. Bei Angriffen der mantschurischen Kavallerie bildete das Taipingskorps einen dreifachen Kreis. In der vorderen Reihe standen die Speermänner, in der zweiten die Gingalträger, in der dritten die Musketiere (Garden). Beim Angriffe ihrerseits gingen sie in derselben Reihenfolge zum Kampfe vor, stets unter lautem Jauchzen und mit wildem Ansturm. Nahe am Feinde, warfen sie die Stech- und Schiefswaffen weg und griffen zum Hiebschwerte. Wer nicht mit vorging, zauderte oder gar floh, wurde geköpft. Auf dem Marsche herrschte Disziplin und Konzentration. Nur die Kavallerie schwärmte aufklärend vorauf und auf den Flanken. Eine Abteilung Fufsvolks bildete die Vorhut, eine die Nachhut; das Gros in der Mitte umgab Geschütze, wenn vorhanden, Bagage und Trofs und wurde links und rechts durch Flankendivisionen gedeckt. Bei Nachtmärschen trug jeder Soldat eine Laterne vor der Brust. Die Tai-ping verfolgten den Feind, bis er vernichtet oder doch auseinandergetrieben war.

Eine grofse Geschicklichkeit entfalteten die Tai-ping im Lagerbau- und Belagerungswesen. Wenn ein Lager geschlagen wurde, dann wufste jeder, was er zu thun hatte; denn die Rollen der Arbeit waren im voraus und dauernd verteilt. So erhob sich bald die Bambushüttenstadt, in regelrechte Quartiere abgeteilt, von Wall und Graben umgeben mit Bastionen (Feldschanzen), in denen die schweren Geschütze standen. Ebensoschnell war eine Stadt von Belagerungswerken umgeben. Das Erdeaufwühlen und Schanzgraben, Approchentreiben und Minieren verstanden die Tai-ping grofsartig, und wenn Bresche gelegt war, begann unmittelbar darauf der Sturm. Zur Unterstützung ihrer Operationen, zur Beobachtung des Landes und zum Rückhalte der Garnisonen legten sie überall an strategischen Punkten Blockhäuser, von einem Pallisadenwalle und einem Graben umgeben, an, die mit einer schweren Batterie armiert waren.

Der Kan-wang übte seine Reformen aber auch auf religiösem Gebiete. Es mag sein, dafs sich im Taipingtum noch manche heidnische, mit den christlichen verquickte Anschauungen breit machten; auch wissen wir, dafs der Tien-wang sich schliefslich ebenso in mystische Spekulationen vertiefte wie einst die christlichen Anachoreten, die Kirchenväter, Scholastiker und viele bigotte Anhänger Luthers und Calvins. Der Kan-wang war jedenfalls bedeutend tiefer in die Innerlichkeiten der altchristlichen Lehre eingedrungen als der Tien-wang. Aber eben deshalb behagte seine Auffassung weder den Orthodoxen der High-church, noch derjenigen der Jesuiten und mancher protestantischen Sekten, die vielfach am Äufseren hängen.

Es erschienen — um etwas vorauszugreifen — im Sommer (Juli und August) von 1860 verschiedene christliche Missionare zu Nan-king. Zuerst waren es solche der amerikanischen Baptisten, unter ihnen ein Mr. Holmes und der in das Baptistenlager, scheint es, übergegangene Mr. Roberts, der einst den Tien-wang und den Kan-wang unterrichtet hatte. Sie fanden freundliche Aufnahme.

Holmes hatte eine lange Unterredung mit dem geistreichen Tschangwang, der sich gern in metaphorischen Ausdrücken bewegte. Der Missionar suchte seine religiösen Anschauungen zu verteidigen; als er aber aufdringlich wurde und anmafsend, entliefs ihn der Wang ziemlich kühl. Der gekränkte Fanatiker hatte natürlich nichts Eiligeres zu thun, als aus den halbverstandenen Äufserungen des Tschang-wang sich „a system of revolting idolatry" aufzubauen und die Tai-ping bei dem Geschäftsträger Bruce in Schang-hai nach Kräften anzuschwärzen. Ähnlich verfuhr Mr. Roberts, der auch in Nan-king gewesen und freundlich aufgenommen worden war. Ob er den Tien-wang dort gesehen hat, ist die Frage; er war aber von den Eindrücken, die das Taiping-Christentum auf ihn machte, unbefriedigt. Das kam jedenfalls daher, dafs man ihm nicht den gehofften Einflufs gestattete und zu selbständig war.

Ganz anders dagegen urteilten die Schanghaier Missionare Mr. Edkins, John, Macgovan und Hall. Die beiden ersten trafen ebenfalls im August von 1860 mit dem Kan-wang in Su-tschau zusammen, der sie auch zur Tafel lud. Bevor man afs, intonierte der Wang eine Hymne, welche die ganze Tischgesellschaft, darunter eine Anzahl Europäer, stehend sang, dann sprach Edkins das Gebet. Nach dem Essen wurde wieder gesungen, und zuletzt sprach der Kan-wang das Schlufsgebet. Die Missionare waren ganz entzückt von dem Benehmen der Tai-ping, betrachteten sie geradezu als Gottgläubige und als friedliebende Menschen, die nur aus Notwehr und zum Selbstschutze manchmal hart handelten, was aber entgegen den Greueln, die die Mantschu verübten, kaum ins Gewicht fallen konnte.

Aus den weiteren Äufserungen dieser Missionare geht hervor, dafs die durch den Kan-wang bewirkte religiöse Reform des Taipingtums ganz im Sinne des Urchristentums erfolgt war. Das erschien aber, wie gesagt, weder dem jesuitischen Katholizismus, noch den orthodoxen Hochkirchlern, noch den verrannten protestantischen Sektierern in ihren Plan passend. So bliesen alle in ein Horn, die Tai-ping als Halbchristen oder christlich-heidnische Synkretisten zu verleumden, die schlimmer als die chinesischen Heiden seien, und

Mater Ecclesia militans wie Mother High-church, sonst bitterste
Gegner, reichten sich hier zur Bekämpfung des gemeinsamen —
wie sie wähnten — Gegners salbungsvoll die Hände. Dazu kam
dann als dritter Bundesgenosse der Kaufmannsgeist der Opiumhändler, der in den Tai-ping allerdings seine geschworenen Feinde
erblicken mufste.

So entstand, wie Lin-li treffend bemerkt, jene Verbindung
von „selfishness and dollars versus philanthropy and liberality",
gegen die keine Sympathie des toleranten Protestantismus und des
Idealismus half. An jenem Bunde sollte denn auch das Taipingtum anrennen und scheitern, als er die rohe Gewalt zu seiner
Hilfe nahm.

Aber einstweilen war es noch nicht so weit.

10.

Das Reich der Mitte befand sich am Ende des sechsten Jahr-
zehnts von allen Seiten in Bedrängnis und das mantschurische
Regiment in grofser Gefahr. Zu der Revolution der Tai-ping im
Innern kam der Konflikt mit England und Frankreich im Äufseren
und überdies eine solche Geldnot, dafs man im Juli von 1857 den
Opiumhandel notgedrungen erlaubte.

Jih, der brutale Vizekönig von Kwang-tung, und Kwang-si
hatte aber doch so viel humane Erkenntnis, dafs er jenen verderblichen Handel nicht nur aufs schärfste verdammte, sondern
ihn auch auf alle mögliche Weise zu hindern suchte. Klugerweise
benutzte er den Umstand, dafs die Briten in ihrem anglo-indischen
Reiche in die gefährliche Sipahi-Revolte verwickelt waren. Allein
er hatte sich doch in der Zähigkeit seiner Gegner verrechnet. Eine
englische Flotte unter Sir M. Seymour, der sich zum Leidwesen
der Briten auch französische Kriegsschiffe angeschlossen hatten,
bombardierte, wie schon erwähnt, am 28. und 29. Dezember 1857
Kanton, nahm Stadt und Umgegend in Besitz, bemächtigte sich
Jihs und führte ihn am 5. Januar 1858 mit dem Vizegouverneur
und dem Befehlshaber der Truppen (fu-tai) nach Kalkutta ab. Der
Mandarinenrat in Pe-king hatte sein Einverständnis mit dem Ver-

halten des Vizekönigs anfangs abgeleugnet; dadurch aber, daſs er an dessen Stelle den nicht minder fremdenhasserischen Huang-tsing setzte, dokumentierte er dann geradezu seine Zustimmung zu der bisherigen Politik. Das wollten sich die Europäer nicht bieten lassen. Eine englisch-französische Flotte schwamm ins Gelbe Meer, drang in den Pei-ho ein und nahm die Befestigungen von Ta-ku, 20. Mai 1858. Die Regentschaft, der das Messer an der Kehle sass, bewilligte die Forderungen der „fremden Teufel": Öffnung Tien-tsins (des Hafens von Pe-king) als Freihafen neben fünf anderen neuen, sowie des Jang-tse-kiangs bis Han-kau, Zahlung einer Kriegsentschädigung und Aufnahme eines englischen und französischen Gesandten in Pe-king. Am 27. Juni 1858 wurde der Friede abgeschlossen.

„Der Not gehorchend, nicht dem eigenen Trieb", hatten die Gewalthaber zu Pe-king nachgegeben; sie gedachten aber, ihr Wort nicht zu halten. Die Vermessenheit der „rothaarigen Barbaren", ihre Gegenwart dem viertausendjährigen Reiche, das nur sich, aus und in sich allein leben, produzieren und konsumieren wollte, aufzudrängen, ihm Gesetze vorzuschreiben, ging ihnen zu sehr wider den Strich. Man kann es ihnen nicht verdenken, daſs ihnen ganz grimmig zu Mute war, wie ehedem beim Abschlusse des Opiumtraktats.

Als man nun von seiten Chinas keine Miene machte, die Bedingungen der Abmachungen zu erfüllen, erschienen im Frühjahre von 1859 abermals die britischen Men of war, diesmal unter Admiral Hope, in den chinesischen Gewässern. Die Takuforts waren wieder befestigt worden; am 25. Juni 1859 griffen die Engländer sie an, muſsten aber mit einem Verluste von 460 Mann abziehen.

Diese Niederlage der Europäer steifte den Chinesen sehr den Nacken und erfüllte sie so stark mit dem Zopfhochmute, wie sie den britischen Leoparden in Zorngrimm versetzte. Die bekannte „Waffenehre", deren blanker Schild durch den „untoward event" angehaucht war, muſste wieder hergestellt werden. Aber wiederum hatten die Engländer die bittere Pille zu schlucken, die ihnen der treue Bundesgenosse von der Krim und später von Mexiko eingab, verzuckert zwar —: er nehme auch am chinesischen Feldzuge aus

Freundschaft teil. Empereur und Queen hatten ja in den Jahren vorher besagte Freundschaft neu geknüpft. Mit saurer Miene nahm man die französische Bundesgenossenschaft an.

Im Mai von 1860 führten die Schiffe beider Nationen 18 000 Engländer unter General Grant und 9000 Franzosen unter General Cousin de Montauban, in Begleitung einer entsprechenden Zahl von Kriegsfahrzeugen nach dem asiatischen Osten. Lord Elgin, als aufserordentlicher Geschäftsträger für Pe-king — älterer Bruder des Geschäftsträgers Bruce in Schang-hai, beide Söhne des bekannten Kunsträubers in Hellas (Elgin marbles!) — war der eigentliche Leiter der Expedition, wiewohl ihm der französische Baron Gros zur Seite stand.

Die den Zugang zum Blauen Meere beherrschenden Inseln Tschu-san und Kin-tang wurden besetzt; dann fuhr man geradewegs auf der Angriffsstrafse der beiden vergangenen Jahre weiter. Am 21. bis 23. August wurden die Befestigungen von Ta-ku erstürmt und darauf Gesandte zu Friedensverhandlungen abgeordnet. Da diese aber von dem mantschurischen Generalissimus Sang-ko-li-sin als Gefangene betrachtet und mit bekannter barbarischer Brutalität behandelt wurden, so dafs eine Anzahl von ihnen dieser Behandlung erlag, rückte das Expeditionskorps der Europäer gegen Pe-king vor. Am 18. September wurde es bei Tschan-kia-wan plötzlich angegriffen, doch wurden die Tataren ebenso wie am 21. September in der Entscheidungsschlacht in der Ebene von Pa-li-kiau geschlagen. Die Schwärme der zahllosen tatarischen Reiterei prallten ab an den feuersprühenden Wänden des europäischen Häufleins.

Am 7. Oktober wurde der Sommerpalast des mantschurischen Herrschers, Juen-ming-juen („Perle des Reichs") genannt, besetzt. Kaiser Hien-fong war nach Je-ho in der Mantschurei entflohen samt seinem Harem und was dazu gehörte. Und nun begann die bekannte Scene der dreitägigen Plünderung des genannten Palastes durch die Franzosen. Gleichzeitig richtete die ultima ratio — humanitatis ihre hundert ehernen Mäuler gegen die Reichshauptstadt. Da präliminierte die tatarische Regierung.

Die Gefangenen, die noch lebten, mufsten ausgeliefert werden, und die Schilderung der Leiden, die sie zu erdulden gehabt hatten, erbitterte aufs höchste die Gemüter der Europäer, — der humanen Leute, die ja hernach so human (?) mit den armen Tai-ping umgingen.

Als aber die ferneren Verhandlungen sich in die Länge zu ziehen drohten, wurde es den Europäern nicht recht geheuer. Sie kündigten den Mantschu an, als Repressalie für die Behandlung der Gesandten würden sie den Sommerpalast verbrennen. So folgte also der tatarischen Brutalität die europäische: am 18. Oktober — gerade achtundvierzig Jahre vorher hatte der abziehende Napoleon dem Kreml zu Moskau dasselbe Schicksal angedeihen lassen — ging die „Perle des Reichs" in Flammen auf, zum Entsetzen der auf den Mauern Pe-kings stehenden, ohnmächtig die Hände ringenden Mandarinen.

Man hat diese barbarische Greuelthat mit Recht getadelt; zusammen mit der eklen Plünderung kann sie als ein Nachtstück der Thaten europäischer Civilisation bezeichnet werden, rein an sich betrachtet. Relativ angesehen, mufs sie als Akt der Notwehr erkannt werden, wenn sie auch hier kaum entschuldigt werden kann. Der winzige Haufe von Europäern angesichts der Millionenstadt, mitten im feindlichen Lande: — die Lage war äufserst gefährlich, trotz der vorhergegangenen Siege. Man mufste den Mantschu imponieren, und das konnte nur durch einen Gewaltakt geschehen. Wenn der heilige Palast des „Sohnes des Himmels" verbrannte, ohne dafs den Frevlern etwas zustiefs, dann zürnten die Götter dem Volke und waren mit jenen.

Die Folgezeit erwies die Kombination der Engländer und Franzosen als richtig. Die mantschurische Regierung gab sich überwunden und willigte in die Forderungen der Fremden ein. Am 24. und 25. Oktober 1860 kam der Vertrag auf der Grundlage der ersteren zustande. Ein Thor der Reichshauptstadt wurde den Europäern geöffnet, und triumphierend zogen Lord Elgin und Baron Gros, geleitet von je tausend Engländern und Franzosen, in Peking ein. Alsbald wurde der Bruder Lord Elgins, Mr. Bruce, zu

Schang-hai zum Ministerresidenten in der Hauptstadt ernannt. Die Truppen verblieben in der Stadt, bis Kaiser Hien-fong den Vertrag ratifiziert hatte, dann zogen sie wieder aus, und die ganze Expedition verliefs das Land. Das Reich der Mitte war den Europäern gewaltsam erschlossen worden, und die Chinesen haben seitdem immer weitergehende Zugeständnisse an die „fremden Barbaren" machen müssen.

Kaiser Hien-fong hat die Demütigung, die ihm widerfahren war, nicht lange überlebt. Nach seiner geschändeten Hauptstadt zurückkehren wollte er nicht; er starb zu Je-ho am 22. August 1861. In demselben Jahre verliefs der Grofssultan und Beherrscher der Gläubigen, Abd-ul-Medschid, diese Welt. Beide Männer haben vieles Gemeinsame gehabt, vor allem das, dafs sie nicht Söhne des Himmels waren, sondern dieser Erde, gutmütigen Sinnes, aber Lasterknechte und Verschwender schlimmster Art, die ihr Reich am Ende des Untergangs sahen. Der entnervte Hien-fong, der siebente Herrscher der mantschurischen Dynastie, war noch nicht dreifsig Jahre alt geworden.

Sein sechsjähriger Sohn Ki-tsiang, als Kaiser Tung-tschi genannt, folgte ihm unter der vormundschaftlichen Regierung eines achtköpfigen Mandarinenrates. Es dauerte aber nur ein Vierteljahr, da erfolgte (im November 1861) die übliche orientalische Palastrevolution. Unterrockpolitik verursachte sie. Die Mutter des jungen Kaisers und die Favoritgemahlin des verstorbenen gaben das nicht seltene Beispiel der Einigkeit zur Erreichung eines bestimmten Zieles: der Usurpation der Herrschaft. Sie gaben aber nachher auch das seltene Beispiel der Einigkeit in der Ausübung der Herrschaft.[1]) Die armen Regenten mufsten das Vergehen, dafs der Kaiser sie zu Vormündern des Herrscherknaben gesetzt hatte, drei mit dem Tode und fünf mit lebenslänglicher Verbannung büfsen.

---

1) Es ist Kaiserin Tsu-hsi (geb. 1834), die mit ihrer Gefährtin Tsi-an von 1861 bis 1881, dann, nach jener Tode, allein bis 1889 auch über Kaiser Kwang-su, Tung-tschis Nachfolger, die Vormundschaft führte und diesen vor kurzem wieder entthront hat.

An die Spitze der Regierung trat der Bruder des verstorbenen Kaisers, Jih-su, Prinz von Kung, von den Europäern kurzweg Prinz Kung genannt. Er hatte bei der Verschwörung gemeinsame Sache mit den beiden Kaiserinnen gemacht und blieb auch fortan deren treue Stütze.

Energische Frauen auf dem Throne oder um diesen hat China seit alter Zeit mehrfach aufzuweisen gehabt. So gaben denn auch die besprochenen beiden Damen das Beispiel eines viel besseren Regiments als jenes, das zu Zeiten Hien-fongs geherrscht hatte. Und Prinz Kung galt schon früher als Haupt der europafreundlichen Hofpartei. Selbstverständlich ist das nur so zu verstehen, daſs dieser tatarische Fürst nicht so borniert war wie die altmantschurischen Zöpfe, die wie die altttürkischen und altrussischen Fanatiker das Heil im strengsten Konservatismus suchen. Man könnte ihn etwa — jeder Vergleich hinkt — mit Midhat Pascha oder den Fürsten Meschtschersky und Uchtomski vergleichen. Er war nur deshalb den Europäern freundlich, weil er von ihnen zu lernen glaubte, und ihnen nur so weit entgegenkommend, als er damit seinem Lande nützlich zu sein hoffte. Kung trieb dieselbe Politik im einzelnen, die die gleichzeitigen und späteren japanischen Staatsmänner gemeinsam verfolgten: Nützt die Fremden, bis ihr mit deren Hilfe selbständig geworden seid und dann auf diese oder jene Weise — zum Teufel mit ihnen!

Aus diesem Grunde hat Prinz Kung in den Jahren 1861 — 63 mit den meisten europäischen Staaten Handelsverträge abgeschlossen. Er verfolgte dabei noch einen anderen Zweck. Wollten Engländer und Franzosen, denen durch jene Vertragsabschlüsse ihre Ausnahmestellung abgesprochen war, sich der vorragenden Gunst des Pekinger Hofes teilhaftig machen, so muſsten sie ihm helfen, sein Prestige zu befestigen. Das geschah nur durch Unterstützung der herrschenden Rasse gegen die internationale Erhebung der Tai-ping. Da nun auch das Interesse, das materielle Handelsinteresse beider Nationen, besonders der britischen Opiumgifthändler in Betracht kam, so war der Bund zwischen ihnen und den Mantschu wider die Tai-ping leicht und schnell geschlossen.

Dergestalt triumphierte die tatarische Politik über die europäische, wie so oft die türkische am Goldnen Horn über letztere triumphierte. Die Sieger von Pa-li-kiau wurden die Handlanger der Besiegten. Demnach haben wir wohl Ursache, den Prinzen Kung für einen Politikus von hoher Bedeutung zu halten.

Bevor man nun den armen Tai-ping auf den Leib rückte, galt es, eine Ursache des Vorgehens gegen sie zu finden, nach dem alten, auch von Luther zitierten deutschen Sprichworte, das aber auch im Romanischen und Chinesischen vorzukommen scheint: Wenn man dem Hunde zu will, so hat er Leder gefressen. Wer die Geschichte des Taipingtums gründlich studiert hat, erschrickt vor dem Rattenkönig von Lügen, der sich da offiziös zusammenballte. Zunächst erhob sich das vereinte Gezeter der jesuitischen und anglikanischen Missionare über die Gottlosigkeit derer, die sich „Gottesverehrer" nannten. Obschon, wie wir wissen, andere Stimmen sich zu Gunsten der Tai-ping erhoben, wurden sie überschrieen, wie von jeher das Kreuzige! die versöhnlichen Stimmen übertönte. Dann wurde von den furchtbaren Greueln der Tai-ping geredet, die, wie bekannt, fast sämtlich auf die Schultern der tatarischen Armeen abzuladen sind. Endlich wurde die bodenlose Verleumdung ausgestreut, die Tai-ping hinderten allenthalben Handel und Verkehr, während sie doch seit Jahren überall, wo sie Oberwasser hatten, die Fremden frei aus- und eingehen liefsen und den Handel freigaben. Und Europa, das gebildete, gesittete Europa glaubte diesen Lügen.

Am meisten wurde den Tai-ping zum Vorwurf gemacht, sie sperrten den Verkehr auf dem Jang-tse-kiang.

Der Jang-tse-kiang, eigentlich Jang-tsi-tsiang (d. h. der Sohn der See), von den Europäern der Blaue Flufs genannt, hat eine Länge von dreihundert deutschen Meilen und ein Stromgebiet von etwa fünfzehntausend Quadratmeilen. Er ist an manchen Stellen so breit, dafs man das gegenüberliegende Ufer, ja die grofsen Inseln, die in ihm liegen, nicht sehen kann. An seinen Gestaden, in den fruchtbaren Niederungen, die sich zu beiden Seiten des Stromes ausbreiten, entwickelte sich die altchinesische

Kultur, früher und dauernder als am nördlicheren Hoang-ho. Was der Ganges für die Inder, der Euphrat für die Babylonier und der Nil für die Ägypter war, das war der Jang-tse für die Chinesen, ist er heute noch für sie: der heilige Strom. Bei dem Mangel der Verkehrsmittel im Reiche der Mitte war die grofse Wasserader der natürlichste Weg, auf dem Handel und Wandel sich bewegten, von aufsen nach innen, von der Seeküste nach dem Binnenlande und umgekehrt und weiter von dem Strome aus nach den Gebieten des Nordens und des Südens. Wer den Jang-tse in der Gewalt hat, hat das Herz Chinas in Besitz, und das war diesmal bei den Tai-ping der Fall. Wollte die Mantschu- oder die Taipingpartei siegen, so mufste sie sich des uneingeschränkten Besitzes des Jangtsebeckens versichern. Deshalb die fortwährenden Vorstöfse der Tai-ping stromabwärts zum Ostmeere nach Schang-hai zu, deshalb die andauernden Gegenstöfse der Mantschu von dieser Seite aus. Darum die ewigen Kämpfe um Nan-king, das im Mittelpunkte des bestrittenen Gebietes lag. Es war ein Verhängnis, dafs von vornherein die europäische Gewalt Schang-hai der nationalen Erhebung abtrotzte, dafs von ihr den tatarischen Armeen der Weg im Jangtsebecken aufwärts offen gehalten wurde. So lange indes Engländer und Franzosen nicht die Gegner des Taipingtums thätig unterstützten, vermochten diese auch keine namhaften Vorteile zu erringen. Das Blatt wendete sich aber sofort, als der genannte Fall eintrat.

Lin-li hat uns in seiner Monographie eine Beschreibung der Fahrt auf dem Jang-tse-kiang hinterlassen, die für die folgende Schilderung des Verlaufes des Taipingaufstandes von nicht unwesentlicher Bedeutung ist.

Gleich aufwärts von Schang-hai — bei welcher Stadt der Strom in zwei Armen ins Meer geht zwischen einer Menge von kleinen Inseln, die durch Schlammbildungen entstanden sind (ähnlich den Sunderbands vor der Gangesmündung), — ist der Jang-tse von der bereits geschilderten kolossalen Breite, ein Riesenstrom gleich dem Mississippi und dem Amazonas. Das Land zu beiden Seiten ist hier eben und dehnt sich meilenweit in dieser

Gestalt aus. Begrünte Hügel und üppige Waldungen, Reisfelder und Äcker ziehen sich am Ufer hin. Der Wald wird manchmal zum Urwalde mit riesigen Bäumen und mächtigen Schlinggewächsen, deren leuchtende Blüten das dunkle Grün dem Auge angenehm durchsetzen. Zahlreiche menschliche Niederlassungen, Städte, Dörfer, Gehöfte zeigen sich, Villen und Pagoden. Auf den Inseln, von denen die „Silberinsel" bei Tschin-kiang durch ihre Schönheit und reizende Lage am berühmtesten ist, befinden sich vielfach die Buen-Retiros der Mandarinen und reichen Kaufleute. Manchmal fliefst der Strom ruhig und majestätisch dahin, manchmal reifsend und kleine Katarakte bildend, die aber der Schiffahrt keine allzugrofsen Hindernisse bieten. Ganze Rudel von Hirschen erscheinen aus dem Dunkel der Wälder auf den Feldern, äsend, und riesige Schwärme von Wildenten scheucht der Dampfer aus dem Bambusdickicht auf. Die Wildentenjagd ist eine Lieblingsbeschäftigung chinesischer Nichtsthuer. Zu I-tsching besteht ein grofser Salzmarkt, welches Mineral in der Umgebung in grofsen Massen gewonnen wird. Bei Nin-ngan-schan treten die Berge näher heran (hier befanden sich die ersten Schanzen der Tai-ping). Klippen und hohe Bergwände folgen; auf zwei steilen Felskegeln zu beiden Seiten thronten mächtige Taipingbatterieen, um den Eingang zu schützen, die Ost- und Westsäulen (east and west pillars) genannt. Die Stürme, die aus diesem Felsenthore hervorbrechen, sind oft so gefährlich wie am Rheine beim Bingener Loch und auf der Donau beim Eisernen Thore von Orschova. Der Jang-tse erweitert sich dann oft seeartig, und nunmehr wird auch die Landschaft völlig gebirgig, indem die Schneegipfel des Nan-ling (Südgebirges) an manchen Stellen bis dicht an den Strom herantreten. Ein prachtvolles klares blaues Becken bildet der mit dem Jang-tse in Verbindung stehende Po-jang-See inmitten einer herrlichen Alpenlandschaft. Eine ungeheure über den Strom hängende Klippe zeigt sich oberhalb letzterer, Ki-tau (cocks head), Hahnenkopf genannt, weil auf ihr unzählige Scharen von Seeraben (flocks of shag) nisten. Die Vegetation wird immer üppiger und halbtropisch. Der Thee wächst hier wild; prachtvoll leuchtende grofse Blüten erscheinen im Walde, besonders Magnolien; eigentümliche Zwergeichen stehen neben Riesenstämmen anderer Bäume. Alle Arten des Fasans beleben diese Gegend. Der Strom wird hier durch Sandbänke gefährlicher, er ist schmäler, obwohl immer noch weiter schiffbar. Doch bildet weiter oberhalb die Gegend von Han-kau einen gewissen Abschnitt. Deshalb war auch Han-kau oft der Mittelpunkt erbitterter Kämpfe. Der mantschurische Gouverneur besoldete hier Banden von Kopfabschneidern gegen Tai-ping und Europäer (the braves of Han-kow) und hielt auf dem Strome eine ganze Flotte mit Räubern (robbers and pirates) bemannt, die die Gegend unsicher machte. Kanonenboote, mit Bambussegeln, fünfzig Fufs lang, mit hinten und vorn einem Stück Geschütz und fünfundzwanzig Mann Besatzung dienten den Tataren zu ihren Stromexpeditionen.

Solchergestalt war die Gegend gestaltet, um deren Besitz bald der Kampf auf Leben und Tod entbrennen sollte.

11.

Die Tai-ping haben wir bei der Organisation, die ihr Reich durch den grofsen Kan-wang erfuhr, den nur lügenhafte Berichte zu einem blutgierigen Tiger zu stempeln vermochten, verlassen.

Der kriegerische Aufschwung, der im Jahre 1859 wieder anhob, geschah unter kluger Benutzung der Verhältnisse, denn gerade damals begann ja der erneute Konflikt der mantschurischen Regierung mit den Europäern.

Zu Ende von 1859 waren zwei grofse Heere der Tai-ping zur Eroberung und weiteren Erschliefsung des Hinterlandes ausgerückt, da die Mantschu bedeutende Anstrengungen gemacht hatten, Nan-king von allen Seiten einzuschliefsen. Der Tschung-wang brach mit seinem Heere in Ngan-whui ein und der I-wang, des Tien-wang Bruder, mit dem seinigen in Kiang-si. Diese Entfernung der feindlichen Streitmacht von der Hauptstadt benutzten die Tataren, denen durch den Sieg über Admiral Hope der Kamm gewaltig geschwollen war. Sie rückten mit 100000 Mann vor Nan-king, das sie durch Feldschanzen rings einschlossen, während eine Flotte die Stadt von der Stromseite aus blockierte. Nur etwa 20000 Mann Besatzung lagen in der geängstigten „Residenz des Himmels."

Die beiden Wang aber vernahmen kaum die Bedrängnis von Nan-king, als sie in Eilmärschen zu ihrem Entsatze heranrückten. Am 19. März 1860 nahm der Tschung-wang die Aufsenstädte des auf seinem Wege liegenden Hang-tschau, konnte aber die innere Stadt, die von den Tataren glänzend verteidigt wurde, nicht bezwingen. Der I-wang hatte Ku-tschau und Jen-tschau erobert und vereinigte sich im April mit dem Tschung-wang, den Tien-wang zu entsetzen. Die Feldzüge hatten viel Leute und viel Aufenthalt gekostet; es waren nur 20000 Mann, mit denen die beiden Wang von Osten her auf Nan-king losmarschierten.

Fünf Monate war dieses eingeschlossen gewesen, und die Garnison hatte alle Anstürme der Belagerer tapfer abgewiesen. Ein Minenkrieg hatte sich entsponnen, wie man ihn sonst wenig in der Belagerungsgeschichte kennt; dauernd Bresche zu legen war aber den Tataren nicht gelungen. Doch begann jetzt auch der Hunger in Nan-king sich bemerkbar zu machen; denn die Vorräte waren fast aufgezehrt. Da beobachtete man von den Zinnen der Stadt das Herannahen blitzender Massen in den weiten schneebedeckten Ebenen, und bald erkannte man die bunten Regimenter des taipingischen Entsatzheeres. Der Tien-wang raffte sich nun zu einer öffentlichen Kundgebung auf. Wie der Padischah die Fahne des Propheten entfaltet, wenn er zum Kampfe gegen die Ungläubigen aufruft, so liefs auch der Tien-wang sein riesiges gelbes Seidenbanner auf dem Palaste aufpflanzen und ordnete einen allgemeinen Bettag an. Er erschien urplötzlich dem staunenden Volke, das um den Palast versammelt war, droben auf der höchsten Dacheszinne und stimmte selbst die Gebetshymne an. Die Nächsten fielen ein, und brausend flutete der Choral durch ganz Nan-king, wo alles auf den Knieen lag. Es war eine getreue Kopie dessen, was die einer überirdischen Macht vertrauende gläubige Minorität der Streiter für eine gerechte Sache früher in ähnlichen Lagen gethan hatte, mag man nun die Rotten des schweizerischen Land-

sturmes bei Sempach, die Eisenseiten Cromwells bei Marstonmoor
oder die Bataillone des grofsen Friedrich bei Leuthen betrachten.
Gesang und Gebet bereiteten auch beim Entsatzheere den Schlag vor.
Am 3. Mai 1860, in der Morgendämmerung — Kälte und
Schneesturm machten den Namen des Wonnemonds zu Schanden
— fiel die Besatzung zu allen Thoren aus, und gleichzeitig griff
das Entsatzheer in den Kampf ein. Diesem mit furchtbarer Wucht
geführten Stofse von zwei Seiten her vermochten die Tataren nicht
zu widerstehen. Bald entscharten sie sich in volle Flucht, und
wenn der sonst im Kampfe zähe Tatar und Chinese einmal flieht,
dann ist er nicht mehr zu halten. Schrecklich wütete das Mord-
schwert der Tai-ping unter den Flüchtigen. Es war eine Ver-
nichtungsschlacht, wie man sie noch nicht erlebt hatte. Meilenweit lagen die Strafsen voller Leichen; das durch die Greuel der
Belagerer erbitterte Landvolk erhob sich und schlug tot, wen es
erwischte. Es sollen an 60000 Mann des Mantschuheeres umgekommen sein, während die Tai-ping nur einige tausend verloren.

Der Hauptstrom der Flüchtigen ging den Jang-tse abwärts.
Das tatarische Waterloo vollständig zu machen, war der Tschung-
wang unablässig hinter dem geschlagenen Heere her, alles weg-
fegend. Am 24. Mai eroberte er das bedeutende Su-tschau, das
„chinesische Paris", dann drang er weiter vor. Die Städte des
„Seidedistrikts", Lei-hong, Wu-sei, Kin-tang, Kia-hing, Hu-tschau
u. a. fielen in seine Gewalt. Überall wurden die Götzenbilder zerstört; die Anhänger der Mantschu flohen nach Schang-hai, Schrecken
dort verbreitend. Der Tschung-wang konzentrierte zu Su-tschau
seine Streitkräfte, um auf Schang-hai loszumarschieren. Am
18. August erliefs er eine Proklamation, die das Land beruhigen
sollte. Die friedlichen Einwohner, hiefs es, hätten nichts zu befürchten; besonders die Europäer sollten geschützt werden, sie
brauchten blofs eine gelbe Flagge als Erkennungszeichen an ihren
Häusern auszuhängen. Es war auch in Su-tschau, wo der Tschung-
wang die Missionare (s. o.) empfing.

Der Schrecken, der sich in Schang-hai immer weiter verbreitete, lähmte dort Handel und Wandel. Ein allgemeines Flüchten

begann. Mr. Bruce, der englische Geschäftsträger und zugleich Befehlshaber (er ging erst im März von 1861 nach Pe-king), erklärte, er würde sich auf keine Unterhandlungen mit den Tai-ping einlassen und die Stadt verteidigen, falls sie angegriffen werden sollte. Der Tschung-wang aber hatte seinerseits betont, er müsse Schang-hai haben und könne es nicht länger in den Händen der Mantschu lassen, die von dort aus die Residenz des Tai-ping-tien-kwo ständig beunruhigten. Doch den Europäern sollte, wenn sie die von ihm vorgeschlagene Vorsichtsmafsregel beobachteten, Schonung widerfahren. Aber Bruce wollte nichts davon wissen.

Das Betragen des Briten ist auf den ersten Augenblick wenig erklärlich. Gerade damals standen Engländer und Franzosen in den Ebenen von Pe-king im Kampfe gegen die Tataren, und hier wollten englische Kanonen für die letzteren kämpfen. Aber wenn wir näher zusehen, dann werden wir bemerken, dafs Bruce lediglich sein, d. h. Old Englands, des Krämersacks, der Opiumkiste Interesse verfocht, wenn er die opiumfeindlichen Tai-ping von Schang-hais Mauern zurückscheuchte. Denn waren die Tai-ping einmal in der Stadt, dann war der Opiumhandel in Frage gestellt, zugleich aber auch die Herrschaft des britischen Leoparden. Und deshalb also — in Mammonis gloriam — hiefs die Losung: Auf die „Rebellen"!

Es wäre diese Seite der Politik des „perfiden Albion" — es ist dieselbe uralt krämerische wie die punische und die venezianische gewesen — immerhin an sich noch zu entschuldigen gewesen. Aber das dicke Ende kommt nach: der ehrenwerte Mr. Bruce hielt es nicht nur für ganz unnötig, die Tai-ping über seine Gesinnung aufzuklären, sondern er beschlofs sogar, sie zu überraschen, — durch Kartätschen nämlich, die im Dienste der Civilisation und der Humanität schon so oft „grofse Werke" verrichtet haben. Die französische Behörde schlofs sich getreulich an die alte Bundesgenossin an.

Am Tage, da der Tschung-wang seine Proklamation erliefs, rückten die Vortruppen seines Heeres vor Schang-hai. Die Mantschu wurden überwältigt und die Vorstädte weggenommen, in gewohntem taipingischem Siegeslaufe. Als aber die Sieger den Angriff auf die Wälle der eigentlichen Stadt unternahmen, da wurde ihnen die erwähnte civilisatorische Überraschung zu teil. Die Tai-ping erkannten wohl die roten Röcke der Engländer; sie gaben daher, trotzdem die Kanonen Tod und Verderben auf sie spieen — so berichtet uns Lin-li, der mit dabei war —, keinen Schufs auf die Europäer ab, sondern zogen sich zurück.

Am 19. August 1860 kam der Tschung-wang mit dem Gros des Heeres an. Sofort befahl er den allgemeinen Sturm, verbot aber die Europäer anzugreifen. Den ganzen Tag über rannten die Tai-ping gegen die Befestigungen an, ebenso den folgenden, ohne Erfolg. Unausgesetzt donnerten die Kanonen der Engländer, Sikhs und Franzosen unter sie. Die Mantschu fielen aus, konnten aber ihren Feinden nicht widerstehen. Besonders heftig tobte der Kampf in der Wasservorstadt, bis einige englische Kanonenboote erschienen und Granaten unter die Tai-ping warfen. Um diese ganz zurückzutreiben, wurden auch die übrigen Vorstädte beschossen, so dafs sie bald in hellen Flammen standen. Am 21. August zog der selbst durch eine Granate verwundete Tschung-wang ab, mit einem Verluste von 3000 Mann.

Solches geschah in den nämlichen Tagen, als droben im Norden die verbündeten Europäer die Befestigungen von Ta-ku nahmen.

Der Tschung-wang beklagte sich bitter über diesen Gewaltstreich: Die Brüder (Tai-ping) zu Schang-hai hätten ihn von Sutschau aus eingeladen, sie zu befreien; er habe die Fremden schonen wollen, Frieden zu bringen, einen Vertrag abzuschliefsen vorgehabt. Aber die Fremden (Engländer) hielten es mit den Mantschu, sie hätten von diesen Geld genommen, die doch beider Feinde seien. Nun habe er eigentlich Ursache, die Europäer feindlich zu behandeln, aber er wolle sie dennoch schonen. Bei Mr. Edkins beschwerte er sich, dafs seine Briefe an die Schanghaier fremden Behörden nicht geöffnet worden wären; das sei doch eine Beleidigung für ihn und der Kampf der Engländer gegen ihn eine Verletzung der Neutralität, die seit langem bestehe.

Aber auch im britischen Lager erhoben sich unwillige Stimmen über das Verfahren Bruces. Wir führen nur drei an, die in angesehenen Zeitungen laut wurden.

The Overland Register vom 11. IX. 1860 schrieb, es sei ein Jammer, daſs Christen im Verein mit den Heiden unter wehrlosen Christen in Schang-hai ein solches Blutbad angerichtet hätten. Es gezieme sich den Protestanten nicht, an den jesuitischen Hetzereien gegen die Tai-ping teilzunehmen. Was denn die letzteren wollten? Erstens China für die Chinesen, d. h. Vertreibung der brutalen, nichtnationalen Mantschubehörden. Zweitens eine liberale Politik. Drittens freie Bewegung des Handels und der Manufaktur. Viertens ein friedliches Verhältnis zu allen Völkern zum Zwecke allseitigen, regen, gegenseitigen Austausches. Fünftens die Einführung fremder Erfindungen und Erzeugnisse ins Land.

The Nonconformist vom 14. XI. 1860 beschrieb in entrüsteter Weise den blutigen Empfang, den die Tai-ping vor Schang-hai erfuhren. Er brachte eine Schilderung des Gemetzels, das die aus dem Ostthore ausgebrochenen Franzosen unter der Bevölkerung, die ganz wehrlos gewesen war und dem Kampfe fernstehend, angerichtet hatten. Alle Arten der Ausschweifung wären damit verbunden gewesen. Dann sei der Brand in die Vorstädte des Ostens und in den Tempel der Himmelskönigin (hl. Maria?) geschleudert worden, während die Engländer jene auf der Süd- und Westseite niedergebrannt hätten. Auch hier wurde bestätigt, daſs die Taiping keinen Schuſs auf die Europäer gethan hätten.

The Times of India beschwerten sich unterm 24. X. 1860 nicht minder über das unschuldig vergossene Blut.

Recht eigentümlich sticht gegen diese europäischen Mordbrennereien die folgende That des Tschung-wang ab. Im Dorfe Si-ka-wei, etliche Meilen von Schang-hai, stand eine katholische Kirche. Die Tai-ping waren erbittert über die jesuitischen Umtriebe und hatten nicht übel Lust, das Gotteshaus mit — wie sie sagten — den Götzenbildern zu zerstören. Als der Wang das erfuhr, lieſs er an der Kirche eine Proklamation anschlagen. Nicht das Geringste fremden Eigentums sollte verletzt, die Kirche geschützt, jeder Fremde als Bruder betrachtet werden. Zuwiderhandelnde würden ihren Kopf verlieren. „Laſst alle zittern und gehorchen! Wagt nicht, diesem Befehle nicht zu folgen!" bildete den Schluſs der Verkündigung. Und so groſs war die Disziplin der Tai-ping, daſs nichts gegen die Kirche unternommen wurde.

Mr. Bruce scheint ganz nach den Absichten des Kabinetts von Saint-James gehandelt zu haben, die das „massacre of Shanghai" recht löblich fanden, da es die Stadt nun den Europäern sicherte. Auch den Mantschu gefiel der Mann, da er ja auch ihnen einen ganz bedeutenden Dienst geleistet hatte. Die Folge davon war, daſs er, wie wir schon gehört haben, als Gesandter nach Pe-king kam und durch den gewandten, mit ebenso weitem Gewissen begabten Mr. Parkes zu Schang-hai ersetzt wurde. Unterstützt wurden die britischen Gewalthaber durch die Flotte unter Admiral Hope, der als früherer „glorieux vaincu" von Ta-ku jetzt Gelegenheit erhalten sollte, seine Waffenehre wieder reinzuwaschen im Blute der Tai-ping, wie später ein anderer „glorieux vaincu", Mac Mahon, die seinige im Blute der Kommunarden. Immer drängen sich einem die merkwürdigen Ähnlichkeiten auf, und man muſs an den alten Rabbi mit seinem „Alles schon dagewesen" denken, wenn man etwas Neues in der Geschichte entdeckt zu haben glaubt.

Aggressiv gegen die Tai-ping vorzugehen lag allerdings noch nicht in der Absicht der Engländer; es würde das zu grell den Schein des Unrechtes auf sie geworfen haben, und das „moralische" Britentum weist so etwas stets mit Entrüstung zurück. Man wuſste, daſs die „Rebellen" (the rebels) — anders hieſsen bei den Engländern die Tai-ping, die Christentum und nationales Recht verfochten, nicht — beabsichtigten, die Seestädte anzugreifen. Ja, sie muſsten sie suchen in ihre Gewalt zu bringen, wenn sie ihre Herrschaft konsolidieren wollten. Über kurz oder lang stand das bevor. Dann konnte man Veranlassung finden, mit den Angreifern kriegerisch anzubinden, ja dann muſste man schlieſslich, um den ewigen Anfeindungen eine Grenze zu setzen, seinerseits angreifend vorgehen, man durfte, konnte, muſste schlieſslich dem „Übel" die Axt an die Wurzel legen, d. h. das Taipingtum vernichten.

So dachten die Politiker an der Thames, die damals der steifleinene, brutal-egoistische Lord Palmerston, der die entgegengesetztesten Prinzipe so meisterhaft zum Vorteile der sea-ruling Britannia zu verquicken verstand, leitete und beherrschte. Und die Kalkulation traf zu.

Die Stimmen der Presse, die das Massacre von Schang-hai verdammten, verhallten, ungeachtet der Mühen, die einsichtige Leute sich gaben, die öffentliche Meinung in England zu gewinnen, Partei für die Tai-ping zu nehmen. Man bezeichnet oft dieses Land als dasjenige, das die meisten Anhänger der Friedensliga zähle und die meisten Philanthropen. Das ist Thatsache. Aber ebenso ist Thatsache, dafs ein grofser Teil des englischen Volkes die Grundsätze der „humanity and philanthropy" hintenansetzt, wenn das Wohl und Wehe des grofsen „I", des Ego, d. h. des Geldbeutels in Frage kommt, der für die Engländer das ist, was für die Franzosen die Gloire —: Gegensatz von materiellem und ideellem Prinzip. Gladstone, „the grand old man", war gewifs ein grofser Humanist, aber nur relativ betrachtet. Denn sein Humanismus verhinderte ihn nicht, Alexandria bombardieren und den in des Löwen Rachen gesandten Gordon elendiglich umkommen zu lassen, weil er glaubte, dafs es das Interesse Englands so erforderte.

Kehren wir zu den Tai-ping zurück.

Der Tschung-wang hatte, wie erwähnt, nach dem fehlgeschlagenen Angriffe auf Schang-hai seine Macht um Su-tschau konzentriert. Diese Stadt befestigte er auf allen Seiten; denn sie sollte ihm zur Sicherung Nan-kings gegen die Angriffe der Mantschu jangtse-aufwärts dienen und seinerseits als Ausgangspunkt fernerer Operationen. Su-tschau ist eine gewaltige Stadt am Jangtse-Kanal und am Tai-hu-See gelegen. Es wurde das „chinesische Paris" (s. o.) oder „Venedig" genannt. Ersterer Beiname rührte daher, dafs das Leben daselbst ebenso leichtfertig war wie im Seinebabel. Der Reichtum der Bewohner gestattete ihnen jeglichen Luxus und aller affinierten Ausschweifungen. Mit Venedig ist die Stadt wegen ihrer Lage zu vergleichen; sie ruht teilweise auf ins Wasser getriebenen Pfählen, und auch die schwimmenden Wohnungen, wie wir sie in Kanton gefunden haben, treffen wir hier an. Aufserdem aber hat Su-tschau das mit den genannten beiden europäischen Städten gemein, dafs es herrliche Bauten aufweisen kann. Besonders waren es die Tai-ping, die mit Hilfe fremder Baumeister binnen kurzer Zeit vieles zur Verschönerung der Stadt beitrugen. Eine mächtige, prachtvolle Pagode (Ja-mun) wurde als Ausbau einer früheren errichtet; sie war neunstöckig, 170 Fufs hoch und hatte 220 Stiegen; von der Plattform aus genofs man eine treffliche Aussicht über das Häusermeer der grofsen Stadt. Die Pagode war zugleich militärischer Observationsposten und Residenz des Tschung-wang; eine grofse Alarmglocke befand sich in ihr. Die zweite Merkwürdigkeit war die „Halle des himmlischen Vaters" (Tien-fu-dong), d. h. Gottes, die Bethalle, architektonisch prächtig gehalten und mit Bildern aus der Leidensgeschichte Christi (Lithographieen) geschmückt. Drittens war die grofse Brücke über den Kanal zum Jang-tse sehenswert; sie hatte fünfundzwanzig Bogen und war ein Meisterwerk der chinesisch-europäischen Baukunst und Zeuge des Fleifses der unbezopften gelben Männer.

Gerade die kulturelle Thätigkeit der Tai-ping in Su-tschau widerlegt am besten die verleumderischen, geflissentlich über sie verbreiteten Gerüchte, als ob sie blofse Zerstörer gewesen seien. Eikonoklasten waren sie, das ist wahr, und wo sie Götzenbilder fanden, vernichteten sie diese, und dabei mag auch mancher Götzentempel mit in Flammen aufgegangen sein. Dahingegen waren sie darauf bedacht, öffentliche Gebäude und Verkehrswege im stande zu erhalten, zu verbessern, oder neu anzulegen, Betsäle und Schulen und Bibliotheken zur Volksbelehrung zu errichten. Sutschau ist auch sprechendes Beispiel für die Reform des moralischen und sozialen Lebens, die mit dem Taipingtum obenauf kam, gewesen. Selbstverständlich pafste das den Sutschau-Parisern nicht ganz in ihr Programm, und sie fügten sich nur seufzend. Wenn also die Bevölkerung mit dem Taiping-Regiment unzufrieden war, wie man europäischerseits glauben machen wollte, so hatte das jedenfalls ganz andere Ursachen als die meist angegebenen.

12.

Mit dem Frühlinge von 1861 gingen die Tai-ping von Nanking in bisher ungewöhnlicher Machtentfaltung auf neue Eroberungen und Weiterdehnung ihrer Macht aus. Ihr Ziel blieb nunmehr: Erwerbung der Provinzen der Südsee.

Das Tai-ping-tien-kwo umfaſste damals 90000 (englische) Quadratmeilen und 45000000 Einwohner, das Heer 350000 Krieger, die in fünf Armeen geteilt waren (einschlieſslich der Besatzungen), denen allerdings bald 450—500000 Tataren gegenüberstanden. Generalissimus war in Ngan-whui der Tschung-wang, in Kwang-si der Schi-wang, in Ho-nan der Kan-wang, in Hu-pe der Jing-wang, in Sze-tschuan der I-wang. Überall gingen die Mantschu vor den siegreichen Tai-ping flüchtig; in allen Treffen unterlagen sie, eine allgemeine Panik hatte rings platzgegriffen. Es wäre mit der tatarischen Herrschaft im Jangtsebecken zu Ende gewesen, wenn ihr nicht die Briten zu Hilfe gekommen wären.

Nach dem Friedenstraktat von Pe-king mit der mantschurischen Regierung sollte auf dem Jang-tse Handel und Verkehr in den Häfen von Han-kau, Kiu-kiang und Tschin-kiang frei sein, wozu noch Nan-king kam, das aber im Besitze der Tai-ping war. Da diese nun überhaupt Meister des groſsen Stromes wurden und auch den Seidenhandel beherrschten, beauftragte Lord Elgin den Admiral Hope und Konsul Parkes (zu Schang-hai), mit ihnen zu verhandeln. Beide hatten keine Ermächtigung, einen Vertrag mit den Tai-ping zu schlieſsen, ebensowenig wie sie Erlaubnis beſaſsen, die Mantschu zu unterstützen. „Strict neutrality" war das Schlagwort, dessen sie sich bedienen sollten. Die beiden Briten begaben sich nach Nan-king und erklärten dort, sie würden einen weiteren Angriff der Tai-ping auf Schang-hai nicht dulden und diese, wenn sie dort erschienen, als Feinde behandeln. Darauf versprachen die Tai-ping, ein Jahr lang nicht gegen die Stadt vorzugehen und eine neutrale, hundert (englische) Meilen breite Zone anzuerkennen, vorausgesetzt, daſs auch die Mantschu von dorther nicht angriffen.

Die „strict neutrality" wurde von den Briten indes derart gehandhabt, dafs ihre Steamers mantschurische Truppen, die sich im Innern nicht mehr halten konnten, an Nan-king vorüber unter britischer Flagge nach Schang-hai beförderten. Ferner wurde den tatarischen Werbern gestattet, in letzterer Stadt Bureaux zu errichten. Dafs heimlicher Waffenverkauf seitens englischer Händler an die Tataren stattfand, versteht sich von selbst. Als Hauptintriguant wird der Konsul Parkes, der ein fanatischer Highchurchler gewesen sein soll, bezeichnet. Er war bestrebt, den Tai-ping auf alle mögliche Weise zu schaden, wo er nur konnte.

Unterdes gingen deren Erfolge noch immer weiter. Jingwang (der „heldische Prinz"), der am weitesten nordwestlich stand, richtete seine Aufmerksamkeit auf das wichtige Ngan-king. Dieser Feldherr war, wie wir wissen, gleich Hung-dschin (dem Kan-wang) seiner Zeit in Kanton im Gefängnisse gewesen, aber befreit worden. Jing (wie sein eigentlicher Name lautete, wissen wir nicht) begleitete dann den Hung überallhin, zuletzt nach Nan-king und heiratete dessen Nichte, die er im Kerker kennen gelernt hatte. Den Titel erhielt er von seiner persönlichen Tapferkeit und seinen Siegen.

Die Tataren hatten um Ngan-king eine Armee von 20000 Mann und eine Flotte von 200 Dschunken zusammengezogen. Mit 25000 Mann und ebenso vielen Kuli und Trofsleuten rückte der Jing-wang zum Entsatze heran. Die Belagerer schienen dem Untergange geweiht, da legte sich Mr. Parkes unberufen ins Mittel. Er warnte den Jing, so dafs dieser sich veranlafst sah, zu parlamentieren. Währenddessen machte sich das tatarische Heer vor Ngan-king bei Nacht und Nebel davon, 13. März 1861 Der Generalissimus wandte sich, nachdem er eine Besatzung in die Stadt gelegt hatte, nordwestlich und drang tiefer in Hu-pe ein, überall siegreich. Aber da zeigte es sich, wie unheilvoll die halbe Arbeit vor Ngan-king gewesen war. Mit dreifach verstärkter Macht kamen im Sommer die Tataren zurück, umlagerten und bestürmten wütend den Platz. Eilig wurde Jing zurückgerufen; er erschien auch und suchte mehrere Male die Belagerungslinien zu durchbrechen, doch gelang es ihm nicht. Die Garnison von Ngan-king konnte sich nicht mehr halten; unter des Jing-wang Zustimmung kapitulierte sie gegen freien Abzug. Am 5. September 1861 marschierten die Tapferen aus, aber als sie sich auf freiem Felde befanden, stürzten die tatarischen Reiter von allen Seiten über sie her und drängten sie nach dem Jang-tse-kiang. Was nicht massakriert wurde, kam in den Wogen des Stromes um. Damit gab sich aber die tatarische Blutgier nicht zufrieden; die ganze Bewohnerschaft von Ngan-king wurde ausgemordet; ihre Leichen stürzte man in den Jang-tse. Englische Schiffe, die, wie gewöhnlich sonst, auch hier mit dabei waren, konnten, so berichten die Schanghaier Zeitungen, wegen der Menge stromab treibender Leichen nicht fahren.

Der Fall von Ngan-king war ein schwerer Schlag für die Tai-ping, wenn der Platz auch an sich nun keine Wichtigkeit mehr besafs, da seine Befestigungen zerstört wurden.

Die übrigen Wangs waren glücklicher. Am 15. Juni 1861 schlug der Schi-wang bei Wu-tschang, zusammen mit dem Jing-wang, der gegenüber bei Hwang-tschau kämpfte, die Mantschu entscheidend. Auch der I-wang und der Kan-wang drangen in ihren Gebieten weit vor.

Der Tschung-wang mit seinen fähigen Untergeneralen Hwang und Fang wandte sich gegen die Seedistrikte. Alle festen Plätze fielen in seine Gewalt; überall wurden die Mantschu geschlagen. Nur die Belagerung von Hang-tschau zog sich in die Länge, bis der Tschung-wang selbst vor der Festung erschien.

Zu Ende von 1861 waren die Provinzen Tsche-kiang und Kiang-su, (bis auf einen Umkreis von dreifsig Meilen um Schanghai) erobert. Die Tai-ping waren jetzt Herren der Seiden- und Theedistrikte von Ngan-whui und Tsche-kiang, der Baumwolledistrikte von Kiang-su und der Porzellanmanufaktureien von Kiang-si. Das waren derartig kolossale Erfolge, dafs sie jedermann zu denken gaben.

Besonders den Briten. Mr. Bruce, der also nunmehr Gesandter in Pe-king war, erschöpfte sich zwar in Aufforderungen an die Konsuln der Seestädte um Aufrechterhaltung der Neutralität; insgeheim aber wurden schon weitergehende Pläne vorbereitet. Die Richtung des taipingischen Eroberungslaufes hatte sich unterdes geändert. Der Tschung-wang strebte mit aller Macht, an die See zu gelangen. Der Weg nach Schang-hai war ihm vorläufig versperrt; wer konnte wissen, wann, ob er frei gegeben wurde! Deshalb wollte er sich nach einer anderen Seite hin Luft verschaffen und richtete seine Augen auf das wichtige Ning-po, einen weiteren der sechs Freihäfen, die den Europäern geöffnet waren.

Die Engländer befiel darob ein grofser Schrecken. Sie wollten durchaus die Tai-ping aus den Freihäfen fern halten. Den Grund offenbarte Bruce in einem Schreiben an Lord Russel, den Minister des Auswärtigen, vom 23. VI. 1861. Er sagt darin: „Wir geniefsen dort einen zeitweiligen Vorteil, der den Entschädigungen entspringt, die aus den Zollamts-Einnahmen an uns zahlbar sind. Was soll aus diesem Vorteil werden, wenn die Häfen in die Hände der Rebellen fallen." Nun war es doch endlich heraus, ehrlich oder auf andere Weise.

Die Tai-ping waren vorzüglich darauf bedacht, in den Gebieten, wo sie eingedrungen waren, keine Stockung des Handels hervorzurufen. Die an die Stelle der Mantschu-Mandarinen gesetzten Beamten verstanden es sogar zuwege zu bringen, dafs mehr Seide aus den okkupierten Gebieten als früher ausgeführt wurde. Es kam eben den Tai-ping nur darauf an, der tatarischen Herrschaft ein Ende zu bereiten; sie sagten auch aus, dafs sie bereit wären, von Schang-hai und Wu-sung abzustehen, wenn keine Mantschu sich dort befänden. Inzwischen aber ging ihr Siegeszug gegen Ning-po weiter. Schu-sching, Fung-wha, Jü-jau und Tze-ki wurden erobert, und bereits kamen die Eroberer in Kontakt mit den britischen Behörden.

Konsul Harvey zu Ning-po sandte den Dolmetscher Mr. Hewlett ins Lager des Generals Hwang, um zu erfahren, wessen sich die Ausländer von den Tai-ping zu versehen hätten. Zu Jü-jau fand die Unterredung statt, in der der Häuptling der Tai-ping den „Brüdern von jenseit der See" (Wai-hsiung-ti) völligen Schutz verhiefs. Mr. Hewlett begab sich dann zu General Fang, der in seinem Quartiere zu Pih-tu dasselbe Versprechen gab. Aber beide Feldherrn erklärten zugleich, dafs sie Ning-po in Besitz nehmen würden. Am 29. November schrieb Hwang, am 2. Dezember Fang an Harvey; beide versprachen Schutz des Lebens und Eigentums sämtlicher Europäer und setzten auf Diebstahl die Todesstrafe. Anderseits forderten sie aber auch, dafs die Europäer die Mantschu nicht unterstützten und dafs Zuwiderhandelnde ebenfalls bestraft würden. Eine Armeeproklamation brachte beides zur öffentlichen Kenntnis.

Die Mantschu in Ning-po gerieten in grofse Aufregung, als das Taipingheer herannahte. Trotzdem die Engländer, moralisch wenigstens, verpflichtet gewesen wären, den Dingen ihren Lauf zu lassen, unterstützten sie die Besatzung dennoch beim Ausbessern und Armieren der Befestigungen. Die Tataren arbeiteten mit fieberhafter Anstrengung; denn sie wufsten, dafs sie bald auf Tod und Leben kämpfen mufsten.

Die Tai-ping begrüfsten, als sie von den Hügeln um Ning-po die weite blaue Fläche des Südmeers erblickten, das Ziel ihrer Sehnsucht mit lautem Jubelgeschrei. Sie fielen auf die Kniee und beteten und dann bereiteten sie sich zum Sturme vor. Dieser erfolgte am 9. Dezember 1861. Mit gewohnter Vehemenz rannten die tapferen Kolonnen der Tai-ping gegen Wälle und Thore an; binnen kurzem waren diese erstiegen und bezwungen. Die tatarische Besatzung entscharte sich zur Flucht; aber die Tai-ping waren hinterher, und erbarmungslos fiel jeder bewaffnete Zopfträger unter ihren Jatagans. Massenweise stürzten sich die Fliehenden in die im Hafen liegenden Dschunken; dorthin wurde auch der tatarische Gouverneur mit heimlicher Hilfe des britischen Konsuls gebracht und konnte entfliehen. Am Nachmittage war Ning-po über.

So feindlich sich die Stürmer gegen die Mantschu benahmen, mitten im Gemetzel in den Strafsen senkten sie, wenn sie einem Europäer begegneten, die Waffen und begrüfsten ihn freundlich.

Selbst Mr. Harvey konnte nicht anders sagen als daſs sich die Sieger mit einer „wonderful moderation" betragen hätten, und Mr. Parkes wie Admiral Hope bestätigten dies. Es fand keine Plünderung, keine Brandstiftung, überhaupt keine Gewaltthat gegen die Bewohner statt.

Während seine Untergenerale den Erfolg zu Ning-po errangen, lag der Tschung-wang noch vor Hang-tschau. Die Tataren wehrten sich wie Verzweifelte, aber schlieſslich ermatteten sie durch eine furchtbare Hungersnot, die alle Kraft schwächte. Da sie indes doch nichts von Ergebung wissen wollten, begann am 29. Dezember 1861 der allgemeine Sturm. Die Stadt fiel in die Gewalt der Stürmer; der tatarische Gouverneur, Lu-i hieſs der wackere Mann, zog sich, sein Verderben vor Augen sehend, mit der Garnison und mit Weibern und Kindern in die Citadelle zurück und sprengte diese mit einer Anzahl der anstürmenden Feinde heroisch in die Luft.

Der Weg nach Schang-hai war nun frei, und die Frist, für welche die Tai-ping versprochen hatten, nichts gegen die Stadt zu unternehmen, begann abzulaufen. Der Tschung-wang besetzte die Umgebung von Hang-tschau und sandte den Schi-wang gegen Schang-hai mit dem Auftrage, alles wegzunehmen, die Europäer jedoch zu schonen und mit den Briten in Unterhandlung zu treten. Aber gleichzeitig beging er einen verhängnisvollen Fehler: er schwächte die Feldarmee dadurch, daſs er in alle eroberten Punkte kleine Garnisonen legte, statt seine gesamte Macht zusammenzuhalten.

Nach der Eroberung von Ning-po würde die Einnahme von Schang-hai den Unternehmungen der Tai-ping die Krone aufgesetzt haben. Das Tien-kwo würde dadurch engiltig gefestet worden sein. Es kam aber nicht dazu. Die Bewegung hatte ihren Kulminationspunkt erreicht. Nach einem Siegeslaufe von viermal drei Jahren wurde sie nun in einmal drei Jahren zum Untergange gebracht — dank den Anstrengungen der christlichen Europäer.

Die englischen Machthaber in China wollten Schang-hai unter keinen Umständen in die Hand der siegreichen Tai-ping fallen lassen, und die französischen stimmten ihnen darin bei. Admiral

Hope und Admiral Protêt folgten ganz den Weisungen, die sie von Bruce und Gros in Pe-king erhielten. Ja, die Politik der Europäer ging nunmehr geradezu darauf aus, die Tai-ping auf alle mögliche Weise zu provozieren, nur um ihnen feindlich und zwar aggressiv entgegentreten zu können.

Admiral Hope stellte zunächst, am 27. Dezember 1861, also noch vor dem Falle von Hang-tschau, nachfolgende Forderungen an den Tien-wang zu Nan-king: 1. Der Schade, den die britischen Unterthanen in 1861 durch die Räubereien (!) der Tai-ping erlitten haben, soll ihnen ersetzt werden. Er beziffert sich auf 4800 Dollars, 20 Ballen Seide und 2 Musketen. 2. Alle Dschunken mit britischer Flagge, die zuvor in Schang-hai untersucht werden sollen, dürfen auf dem Jang-tse-kiang frei passieren. 3. Die Tai-ping haben auf 100 Li (57,500 km), wie bisher Schang-hai und Wu-sung fern zu bleiben. 4. Dasselbe gilt von den britischen Handelsplätzen Kiu-kiang, Han-kau und der Silberinsel bei Tschin-kiang. Der englische Kommodore Kapitän H. M. Bingham brachte auf dem Man of war „Reward" diese Forderungen am genannten Tage nach der Taipingresidenz.

Die Antwort der kaiserlichen Regierung war so würdig wie möglich und so treffend wie denkbar. Ad 1. erwiderte sie, sie könne sich auf den gewünschten Ersatz des Schadens nicht einlassen; dieser sei als von den Tai-ping zugefügt gar nicht nachgewiesen. Viel wahrscheinlicher sei es, dafs tatarische Seeräuber (impish pirates) die Briten also geschädigt hätten. Ad 2. hiefs es, die Dschunken mit britischer Flagge ohne weiteres auf dem Jang-tse passieren zu lassen, gehe durchaus nicht an. Bei aller Hochachtung vor der Gewissenhaftigkeit der britischen Behörden zu Schang-hai, könne die Regierung des Tien-kwo nicht die Ansicht unterdrücken, die englische Flagge möchte den Mantschu als Deckung dienen; sie müsse also auf dem Rechte der Visitation bestehen. Ad 3. bedaure man, den Vertrag wegen der Neutralität Schang-hais und Wu-sungs nicht erneuern zu können, da die Feinde von dort aus stetig die Ruhe des Reiches störten und deshalb entfernt werden müfsten. Ad 4. wundere die Regierung sich, warum die Tai-ping die genannten drei Plätze nicht den Tataren abnehmen und von ihrer grausamen Herrschaft befreien sollten. Die Europäer möchten sie nur gewähren lassen. Wären jene Orte erst einmal in ihrer Hand, dann würden die Beziehungen zu den Fremden schon zu der letzteren Zufriedenheit geordnet werden. Die Nachschrift beschwerte sich darüber, dafs die englischen Dokumente keine eigenen Siegel trügen; diese könnten sehr wohl von den Mantschu nachgeahmt sein.

Am 1. Januar 1862 trat Kommodore Bingham ins Audienzzimmer des taipingischen Ministeriums, gewifs nicht mit weniger Stolz wie einst Fabricius vor den Pyrrhus oder Mentschikow vor den türkischen Diwan. Ernst und feierlich empfingen ihn die chinesischen Staatsmänner und gaben ihre Antwort ab. Aber kalt und kurz entgegnete der Brite, da die Annahme der Forderungen verweigert werde, so bedeute das für die Engländer, dafs sie die Tai-ping, falls diese sich beikommen liefsen, auf Schang-hai vorzurücken, als Feinde behandeln müfsten. Darauf die Minister: der Tschung-wang habe bereits den Befehl erhalten, nach der Eroberung von Hang-tschau gegen Schang-hai zu marschieren. Und hierauf wieder der Brite: dann reise er sofort ab, um diese Stadt in Verteidigungszustand zu setzen. Freundliche Entlassung folgte dem.

Als der „Reward" den Jang-tse hinabdampfte, war der Krieg zwischen dem Tai-ping-tien-kwo und den europäischen Mächten indirekt bereits erklärt.

Rasch flog die Nachricht von dem bevorstehenden Bruche der Beziehungen hinüber nach Schang-hai und von da nach England. Es war vielen Leuten in der grofsen Chinesenstadt nicht geheuer in der Aussicht, die Taipingarmee feindlich vor oder in den Mauern zu sehen. Auch vielen Europäern nicht. Wenn auch in Ning-po das Leben und Eigentum der Fremden peinlich geschützt worden war, wer bürgte dafür, dafs die Tai-ping, nachdem man sie also abweisend behandelt hatte, auch in Schang-hai so verfuhren? Und doch hatte man noch mehr Vertrauen zu ihnen als zu den Mantschu in ähnlichen Fällen.

Konsul Meadows zu Schang-hai, der Nachfolger von Mr. Parkes, war es, der ehrlich und überzeugungsvoll sich unterm 19. Februar 1862 über den Kopf von Mr. Bruce in Pe-king hinweg direkt an Lord Russel wandte. Er rühmte die Tai-ping wegen ihrer Friedsamkeit, ihrer Ordnung und militärischen Disziplin und ihres Organisationstalentes. Er kam zurück auf das Schanghaier Gemetzel und die Vorstadtbrände, welch beides er aufs schärfste verurteilte. Er berief sich darauf, dafs er selbst längere Zeit hindurch Zeuge gewesen sei des musterhaften sozialen Lebens der Tai-ping und rief auch noch andere namhafte Personen als Zeugen an. Er widerlegte ferner all die Verleumdungen, wie solche über das religiöse Leben der siegreichen Eroberer verbreitet worden waren und erklärte sie für ganz gute Christen. Die Taipingrevolution sei eine grofse nationale Bewegung, die man nicht mifsverstehen dürfe; man müsse vielmehr das Recht der bisan nur als Rebellen Betrachteten als kriegführende Partei anerkennen. Auch andere Völker und Volksteile hätten sich erhoben, sich vom Mutterlande, vom Stamme getrennt und für selbständig erklärt. Dem Schreiber schwebte jedenfalls die gerade damals erfolgte nordamerikanische Sezession vor, die England bekanntlich begünstigte.

Admiral Hopes Benehmen wurde gleichzeitig von den Shanghai-Times hart verurteilt. Die Missionare Mr. John und Mr. Muirhead, die wiederholt den Kan-wang besucht hatten, rühmten von diesem, dafs er ein Edikt der religiösen Duldung überall habe anschlagen lassen und dafs er den Bestrebungen der evangelischen wie der katholischen Missionare kein Hindernis bereite; kein Christenmensch könne sich über die Tai-ping beschweren. Beide Männer hatten dem Examen beigewohnt, das der Kan-wang an einem jungen Tai-ping vollzogen hatte; sie erklärten ersteres für eine rein christliche Katechisation. Und so erhoben sich noch viele Stimmen zu Gunsten der Tai-ping, — aber alles vergebens.

Hätten sich die Tai-ping dazu verstehen können, bei der allgemeinen Neuregelung der Handelsverhältnisse und der Herabsetzung der Tarife, die gerade um die Jahreswende (10. Februar,

12. Jahr des Tai-ping-tien-kwo) in Kraft trat, den Opiumhandel schliefslich doch zu erlauben, dann wären sie „friends and brethren" der britischen Nation geworden. Aber als Männer von Grundsätzen und als Nichtkrämer konnten sie sich nicht dazu verstehen.

Als der Tschung-wang mit seinem Heere nach erhaltenem Befehle in die nähere Umgebung Schang-hais vorrückte, stiefs er am 20. Februar 1862 bei Kao-kiau auf eine festgeschlossene Masse von Feinden, die ihm entgegengezogen war. Kaum hatte der Kampf begonnen, da sausten Granaten herüber und schlugen zischend Raketen ein. Das waren die bekannten „Grüfse" von Schang-hai aus dem zweitvorigen Jahre. Europäer und Mantschu traten vereint den Tai-ping auf offenem Schlachtfelde gegenüber.

13.

Die tatarische Regierung hatte, dank den Begünstigungen, welche die Europäer ihren Bemühungen zu teil werden liefsen, zu Schang-hai eine Organisation ihrer Streitkräfte unternehmen lassen und zwar durch den amerikanischen Flibustier Ward, einen Genossen des Putschmachers Walker, der, in englischem Solde stehend, vor kurzem versucht hatte, die mittelamerikanischen Republiken zu insurgieren, damit Old England im Trüben fischen könnte. Auf Veranlassung der Schanghaier Kaufleute bildete daneben Burgevine, ein amerikanischer abenteuernder Offizier, eine Truppe aus Europäern und Amerikanern. An diese würdigen Männer, namentlich den „worthy Ward", schlofs sich Admiral Hope vermöge seiner Seelenverwandtschaft an.

Das Treffen bei Kao-kiau, das mit dem Rückzuge des Tschungwang endete, war so ein kleiner Vorgeschmack gewesen von dem, was die Tai-ping künftig sollten zu verspüren bekommen. Die abenteuerisch-englische Schar blieb nämlich nicht stehen, sondern rückte hinter den Tai-ping drein. Am 1. März 1862 eroberte Hope das kleine Ming-hong, das die wackeren Feinde erst nach einem mörderischen Gemetzel, in welchem tausend der Ihren auf dem Platze blieben, räumten. Sie waren hartnäckig, die

"Rebellen". Als Freudenfeuer zündeten die Sieger die Stadt an und opferten sämtliche von den Tai-ping aufgehäufte Kornvorräte den Flammen. Dann blieb Hope eine Zeitlang stehen, um weitere Weisungen abzuwarten.

Lord Russel mochte die Mahnung des Konsuls Meadows doch nicht so ganz ohne Beachtung ad acta gelegt haben. Unterm 11. März befahl er Admiral Hope, die Seehäfen, die nicht von den "Rebellen" — so titulierte auch der Minister die Tai-ping — besetzt seien, zu schützen, soweit die Seemacht dies vermöchte. Mr. Bruce aber zu Pe-king hatte eine andere Politik im Auge und deren Ausführung bereits ins Werk gesetzt, bevor die Weisung Russels eintraf. Es scheint denn auch, daß er seine Ansicht vor letzterem verfochten und die Hope erteilten Befehle gerechtfertigt hat. Diese Befehle lauteten aber: "Go on!" und Hope zögerte auch nicht, sofort loszugehen. Protêt, als getreuer Bundesgenosse, schloß sich ihm an; er hatte jedenfalls von seiner Regierung den Befehl erhalten, sich den Engländern an die Fersen zu heften.

General Staveley erhielt den Auftrag, mit einem englischen und zwei indischen Regimentern sowie 10 Kanonen und der entsprechenden Abteilung von Marinesoldaten, denen sich auch ein Kommando französischer Seeleute mit 4 Kanonen anschloß, einen sogenannten "raid" zu unternehmen. Das Wort raid hat eine merkwürdige Verwandtschaft mit razzia und bedeutet auch eigentlich Beute- und Verwüstungszug. Es ist im nordamerikanischen Sezessionskriege durch die Stuart, Sheridan und Sherman so recht in Aufschwung gekommen.[1]) Alles von Feinden aufstöbern, fangen, verjagen oder töten, alle Niederlassungen und Vorräte vernichten, ist der Zweck solcher raids. Bei diesem "militärischen Ausfluge" mit 2200 Mann waren auch die beiden Admirale zugegen. Am 4. April überfielen die "raiders" das Lager der Tai-ping zu Wong-ka-dza. Lediglich den Granaten verdankten sie den Erfolg, daß dieses erobert wurde; die Tai-ping fochten wiederum wie Verzweifelte. Natürlich folgte sofort wieder die Zerstörung der Korn-

---

1) Vgl. "The Jameson raid" von 1896 nach Johannesburg.

und Reisvorräte, die den Flammen übergeben wurden. Einige Tage zuvor hatte ein Kanonenboot-Brander (gunboat-flamer) an 300 Taipingboote mit Reis und Vieh aufgebracht und vernichtet.

„General" Ward stiefs mit seinen Tataren zu den Europäern; eine Anzahl von Mandarinen begleitete ihn als exekutierende Macht. Am 17. April wurde Tschi-pu erobert. Die Stadt ward der Plünderung übergeben, die „Behörden" liefsen sämtliche Gefangenen köpfen. Bald nachher führte der tatarische Befehlshaber (fu-tai) Li-hung-tschang dem Expeditionskorps neue Verstärkungen zu.[1]) Die Zahl der Kanonen stieg allmählich bis auf 30, worunter eine Anzahl schwerer sich befand. Am 29. April rückten die Verbündeten vor Kah-ding, beschossen es an diesem und dem folgenden Tage und nahmen es am 1. Mai mit Sturm. Unter den Tai-ping, die nicht einmal ordentliche Gewehre hatten, wurde ein wildes Gemetzel veranstaltet; dann erfolgte die obligate Plünderung. Nachdem 200 000 Dollars an Geld und Gut geraubt waren, begab sich das Korps auf den Rückmarsch nach Schang-hai.

Der Erfolg dieses ersten raid reizte zu einem zweiten. Am 13. Mai rückten 10 000 Mann gegen Tsing-pu, das von nur 4000 Tai-ping verteidigt wurde. Die Kanonen legten Bresche, aber die Verteidiger warfen sich mit ihren Leibern hinein und leisteten so furchtbaren Widerstand, dafs die Verbündeten alle Kraft aufbieten mufsten, um der Gegner Herr zu werden. In dem nun folgenden Gemetzel gingen die Tai-ping unter und die Stadt in Flammen auf, nachdem sie ausgeraubt worden war. Am 17. Mai fiel Na-jaor; hier wagte es eine „Rebellenkugel" den Vertreter der „grande nation", Admiral Protêt tödlich zu verwunden. Die branntweinberauschten Stürmer brachten alles um und zündeten die Stadt dem Protêt als Totenfackel an. Am 20. Mai wurde Tscho-lui genommen, nachdem die Kartätschenlagen allen Widerstand niedergeschmettert hatten. Von Haus zu Haus raste das Gemetzel, und auch diese Stadt wurde den Flammen geweiht. Das Flammenmeer ersäufte alle anderen begangenen Exzesse. Bei all diesen „Aktionen" betrug der Verlust

---

1) Der berühmte Li tritt hier zum ersten Male auf.

der Verbündeten nur wenige Mann, während die Tai-ping stets durchschnittlich von 500 bis 2000, manchmal mehr einbüfsten. Auch von dieser Razzia kehrten die Unternehmer beutebeladen nach Schang-hai zurück.

Man hatte nun also den Tai-ping eine Lehre mit Blut und Eisen gegeben. Aber noch war Ning-po in ihrer Gewalt. Waren sie von Schang-hai zurückgetrieben worden, so mufsten sie nun aus Ning-po hinaus. So wollte es Mr. Bruce, und so geschah es. Es galt nur die Ursache zu finden, sie anzugreifen. Konsul Harvey, ein ganz anderer Mann wie sein Kollege Meadows, brachte alle möglichen Verleumdungen, unbekannt — oder bekannt? — aus welchen Gründen, gegen die Tai-ping vor und fand bei Bruce um so eher Gehör, als diesem die Festsetzung jener in dem Freihafen ein Dorn im Auge war.

Auf der Reede von Ning-po schaukelte ein englisches Geschwader, das Kapitän Dew befehligte. Es bestand aus den Kriegsschiffen „Encounter", „Ringdowe", „Kestrel" und „Hardy"; beigesellt waren die französischen Kanonenboote „Etoile" und „Confucius". Aufserdem aber schwamm beständig eine „kaiserlich chinesische" Piratenflotte unter dem berüchtigten Seeräuberhäuptling Apak in der Nähe umher. Gar zu gern hätten die Tai-ping unter die Dschunken, die so frech unter den Mäulern ihrer Kanonen kreuzten, entsprechend gepfeffert, wenn ihnen nicht stetig die fremden Kriegsschiffe in Schufsweite gekommen wären. Mit diesen anzubinden hüteten sie sich.

Ein unglücklicher Zwischenfall sollte aber dann doch die Katastrophe herbeiführen. Die Generale in Ning-po, Hwang und Pang, erwarteten die Ankunft des siegreichen Kollegen Fang und beschlossen diese, als sie am 22. April erfolgte, mit einem allgemeinen Salutschiefsen zu feiern. Bei diesem Freudenbumbum, das ja auch bei uns, überhaupt in der ganzen Welt bei jeder Feier ertönen mufs, gingen nun einige scharfgeladene Musketen gegen die Niederlassung der Fremden los, ohne indes auch nur den geringsten Schaden zu verursachen. Sofort aber schlug Mr. Harvey Lärm und benachrichtigte Kapitän Dew von dem Vorfalle. Die Chefs Hwang und

Pang beeilten sich alsbald, sich in recht würdiger Weise bei Dew zu entschuldigen. Sie bedauerten den Vorfall, der keine Untersuchung zulasse, da bei dem allgemeinen Schiefsen der Schuldige oder die Schuldigen wohl kaum zu ermitteln wären, versprachen aber, ihren Leuten nochmals einzuschärfen, Feindseligkeiten gegen die Europäer zu unterlassen. Damit hätten sich die Engländer wohl zufrieden geben können; aber Kapitän Dew verlangte, dafs die Tai-ping die Geschütze von den Wällen zurückzögen, damit nicht auch einmal von dort unversehens ein scharfer Schufs losginge und den Frieden breche. Diese friedliebenden Englishmen! Doch nun weigerten sich die Tai-ping ganz höflich, aber entschieden, dem Ansinnen Folge zu leisten, da die tatarische Piratenflotte draufsen schwimme. Auch hatten sie vernommen, dafs eine tatarische Armee zur Belagerung herannahe und mufsten sich also vorsehen. Sie erklärten, kein europäisches Schiff irgendwie belästigen zu wollen, aber auf die Piraten würden sie, wenn diese heran kämen, feuern. Worauf ihnen Dew bedeuten liefs, sie möchten auch dies bleiben lassen.

Nun geschah etwas, das die Tai-ping geradezu herausfordern mufste und das als zwischen den Engländern und Mantschu abgekartet erscheint. Am 10. Mai 1862 kam nämlich die achtzig Lorchas starke tatarische Piratenflotte in Sicht der Befestigungen von Ning-po, gerade als ob sie die Tai-ping hätte reizen wollen. Sofort eröffneten diese von den Wällen aus das Feuer auf die Feinde. Kaum aber war das geschehen, da tauchten links und rechts die schwarzen Leiber der europäischen Kriegsschiffe auf und begannen ihrerseits das Feuer auf die Befestigungen der Stadt. Die Tai-ping dagegen gebrauchten ihre Geschütze nur gegen die tatarischen Dschunken, obwohl Kapitän Dew später in einem Berichte an Admiral Hope behauptete, die „Rebellen" hätten zuerst auf die europäischen Fahrzeuge geschossen.

Die gesamte verbündete Flotte, die Tataren in der Mitte, die Europäer mit ihren sechs Kriegsschiffen auf den Flanken, bewegte sich gegen Ning-po. Die Europäer sandten ihre Granaten nicht nur gegen die Wälle, sondern auch in die Stadt, und nun erst — schossen die Tai-ping auch auf diese Gegner. Das Bombardement wurde allgemein; die Geschosse der schweren britischen Schiffskanonen zerrissen und zerstäubten die Verschanzungen der Tai-ping, demontierten die Geschütze und fegten die Verteidiger hinweg. Unter dem Schutze des furchtbaren Bombenhagels landete ein englisch-tatarisches Korps und formierte sich zum Sturme. Dieser begann um zwei Uhr nachmittags. Den Eindringlingen wurde ein verzweifelter Widerstand entgegengesetzt; durch alle Strafsen wogte der Kampf. Die Generale Hwang und Fang wurden an der Spitze ihrer Scharen verwundet. Endlich siegte die europäische Kriegstechnik. Um fünf Uhr zogen sich die Tai-ping westlich aus der Stadt, mit ungeheuern Verlusten, während die Engländer nur drei Tote und etliche zwanzig Verwundete, die Tataren einige hundert Gefallene zu beklagen hatten.

So war also Ning-po wieder den „Rebellen" entrissen, wie Dew triumphierend an Hope meldete, nachdem es gerade fünf Monate in ihrer Gewalt gewesen war. Die erste Mafsregel der Engländer bestand darin, den früheren Tao-tai (Oberbefehlshaber) wieder einzusetzen, der alsbald das tatarische Rachewerk, das heifst die üblichen Metzeleien und Konfiskationen begann, vor allem aber — den Opiumhandel freigab.

Während dergestalt die Macht der Tai-ping einen harten Schlag erlitt, ging der tapfere Tschung-wang in drei Korps von zusammen 50000 Mann von Su-tschau aus wieder gegen Schanghai vor, um die Scharten, die seinen Besatzungen durch Staveleys raids zugefügt worden waren, auszuwetzen. Im Fluge wurden in den beiden letzten Maiwochen sämtliche verloren gegangene Orte zurückerobert, darunter auch Kah-ding, neu befestigt und mit Besatzungen belegt. Der Tschung-wang eroberte mit der Hauptkolonne zuletzt Tschong-dza, fünfzehn Meilen von Schang-hai, und schlug allda sein Hauptquartier auf. General Tsching mit der zweiten Kolonne griff am 30. Mai das feste Sung-kiang an. Die Tai-ping legten Bambusleitern an die Mauern und stürmten mit Todesverachtung, konnten aber keinen Erfolg erzielen; ebenso mifslangen die Versuche vom 3. bis 5. Juni. Dagegen gelang es Tsching, zwölf tatarische Kanonenboote — man verstehe darunter keine solchen europäischer Art, vergleiche vielmehr Seite 99 — auf einem Flüfschen nahe der Stadt wegzunehmen. Die dritte Kolonne unter General Tscheng nahm am 10. Juni Tsing-pu weg, so dafs nun die ganze Gegend bis auf Sung-kiang wieder in die Hände der Tai-ping gekommen war.

Diese waren jetzt aber erbittert gegen die tatarische Bevölkerung, die sich in Gemeinschaft mit den Truppen so grausam betragen hatte. Sie begannen deshalb an ihr und auch an den Abgefallenen Repressalien zu nehmen; Köpfen und Brennen wurde seit der Zeit auch auf dieser Seite Mode, und das brachte viele gegen die Tai-ping auf und erregte allenthalben Erbitterung.

Noch bevor so im Gebiete um Schang-hai das Kriegsglück hin und her schwankte, suchte man den Tai-ping auch von einer anderen Seite beizukommen, nämlich vom Jang-tse-kiang her. Lord Russel, der eine Zeitlang geschwankt hatte, ob er sich nicht mit den Tai-ping verbünden sollte, wurde durch die verleumderischen Berichte von Missionaren und durch die Ansichten Bruces ganz auf die gegnerische Seite gedrängt, so dafs er schliefslich zugab, dafs eine Flotte auf dem grofsen Strome zur aggressiven Bekämpfung der Tai-ping errichtet würde.

Bekanntlich hatte der Tao-tai von Han-kau schon seit längerem eine Piratenflottille auf dem Jang-tse unterhalten, die sich des Schutzes der englischen Schiffe erfreute und der die Tai-ping nicht beizukommen wufsten. Das System wurde jetzt im grofsen nachgeahmt und im Herbste von 1862 eine starke anglo-tatarische Raubflotte, bekannt unter dem Namen das „Blutsauger-Geschwader" (vampyre-squadron, auch vampyre-flottilla), errichtet. Sie sollte aus Dampfschiffen bestehen, die mit mehreren Kanonen armiert wären und, wie es hiefs, der Piraterie (!) der „Rebellen" ein Ende machen. Man begeisterte sich in England merkwürdig dafür. Anfangs 1863 fand zu London ein grofsartiges Anti-Taiping-Meeting statt, in welchem Mr. Lay von der „Geographical Society" ein furchtbares Sündenregister der Tai-ping entrollte und reich und arm beschwor, beizutragen, dafs im Interesse der Humanität und der — Wissenschaft den fluchwürdigen „Rebellen" das Handwerk gelegt werde. Staatliche und private Unterstützungen flossen reichlich; den englischen Offizieren wurde erlaubt, in den Dienst des Kaisers von China zu treten, und Kapitän Sherard Osborne wurde zum Befehlshaber der Vampyrflotte ernannt. Prinz Kung erteilte denn auch den Auftrag, Dampfer in der gehörigen Anzahl anzukaufen; doch sollte England für deren Ausrüstung und Bemannung sorgen.

Wir greifen hier, des Zusammenhanges wegen, etwas vor. Die vielgerühmte Vampyrflotte kam nie zu kompakter Formation. Diejenigen Dampfer, die frühzeitig in stand gesetzt worden waren, begannen ihre „Aktion" auf dem Jang-tse auf eigene Faust und zwar in der Weise der Ismaeliten: ihre Hand war wider jedermann, ob es Tai-ping oder Tataren waren. Sie erst machten die Strompiraterie vollkommen, und es kam soweit, dafs die Mannschaft von den Mantschubehörden oft in der That als Flibustier behandelt wurde. Die ganze Flotte war erst im Frühlinge des Jahres 1864 einigermafsen organisiert und aktionsbereit, aber da war die Entscheidung bereits durch das Landheer gefallen und sie somit unnütz geworden.

Es begann dann das Schauspiel, das ein Jahrzehnt zuvor der Deutsche Bund seligen Angedenkens gegeben hatte: die Auktion, hier der anglo-chinesischen Flotte. Doch kam nicht viel dabei heraus, neben dem, dafs die entlassenen Mannschaften, zumeist recht zweifelhafte Existenzen, sich über das Land zerstreuten und die allenthalben herrschende Unsicherheit vermehren halfen. Etwa 70000 Pfund Sterling waren umsonst geopfert.

So endete das „humane Unternehmen" kläglich. Bedauernswerter als dieser Umstand war jener, dafs sich die lügenhaften Berichte über die Zustände im Taipingtum noch weiter verbreiteten, so dafs auch die Besten und Edelsten im britischen Volke getäuscht wurden. Es entstand eine mächtige Anti-Taiping-Bewegung in ganz Grofsbritannien und im englischen Indien; in Menge traten Offiziere ins chinesische Heer ein, um die „Rebellen" zu bekämpfen. Eine wahre Kreuzfahrt von ritterlichen Abenteurern oder abenteuerlichen Rittern begann; der „Sohn des

Himmels" fand zur Stütze seiner bedenklich schwankenden Macht keine besseren Beschützer als die orthodoxen Anhänger der High-church. Unter diesen befand sich auch Major Gordon, wie wir noch hören werden.

Die tatarische Regierung zu Pe-king, vor allem deren, von objektivem Standpunkte aus betrachtet, genialer Leiter, der schlaue Prinz Kung, konnte sich also rühmen, die Sympathieen des Abendlandes errungen zu haben. Um hierin weiter Fortschritte zu machen, schloſs, wie wir schon früher hörten, der Prinz die Handelsverträge mit anderen europäischen Staaten und mit der nordamerikanischen Union ab. Das muſste die Engländer reizen, seinen Absichten in Bezug auf die Bewältigung des Taiping-Aufstandes weit, so weit als möglich entgegenzukommen. Man war daher bestrebt, die Bewegung der „humanity" in England aus Gründen der „policy" zu schüren und gewährte den bezopften Politikern zu Pe-king Kredit, Kriegswaffen, Munition und Mannschaften.

Prinz Kung hat die gewaltige Gefahr, die der tatarischen Herrschaft durch die Tai-ping drohte, niemals unterschätzt. Deshalb hat er, nachdem der Friede mit England und Frankreich wiederhergestellt war, alles darangesetzt, um der gefährlichen inneren Gegner Herr zu werden. Deshalb auch gab er — für den Augenblick — Vorteile auf, setzte Vorurteile hintan, um nur zu seinem Ziele zu gelangen. Und letzteres hat er schliefslich denn auch auf diese Weise erreicht und dabei hernach doch gegen seine Verbündeten, die Europäer, freie Hand behalten.

Die Tai-ping waren nämlich trotz der Zurückweisungen von Schang-hai und trotz des Verlustes von Ning-po keineswegs entmutigt. Das wuſste die tatarische Regierung. Der siegreiche Tschung-wang, der geniale Feldherr, bereitete im Gegenteil gerade neuerdings einen entscheidenden Schlag vor. Ohne die Gegner um Schang-hai weiter zu beachten, gedachte er mit seiner gesamten Macht nördlich aufzubrechen, um womöglich, am Kaiserkanal entlang, direkt gegen Pe-king vorzudringen, während der I-wang mit einem andern Heere am Südufer des Jang-tse-kiang operieren sollte, um die europäisch-mantschurischen Angriffe zu paralysieren. Die Ausführung dieses napoleonisch zu nennenden Planes aber barg viele Gefahren in sich, denn der Tschung-wang unterschätzte die Stärke seiner Gegner zu Schang-hai, die in der Überzahl an Artillerie beruhte, und ebenso überschätzte er die Fähigkeiten des I-wang, der auch in seinen bisherigen Aktionen nicht sehr glücklich gewesen war.

Es war zu Anfang des September von 1862, als der Tschung-wang mit seinem Heere gen Norden aufbrach.

14.

Man hatte indes zu Schang-hai kaum durch Spione von den Absichten des Tschung-wang vernommen, als man sich zu einem neuen Vorstofse gegen Su-tschau rüstete. Ein zweiter Feldzug, ähnlich dem im Mai, sollte ins Werk gesetzt werden. Li-hung-tschang, der Fu-tai zu Schang-hai, beauftragte die Amerikaner Ward und Burgevine, die Aktion einzuleiten. Allein beide Männer, einer ein gröfserer Abenteurer als der andere, gerieten bald in Uneinigkeit, und Li-hung-tschang hatte alle Mühe, zu vermitteln. Li „acquirierte" zu gleicher Zeit den französischen Hauptmann Lebrethon, der das Kommando über eine anglo-französische Legion übernahm, die von Ning-po aus operieren sollte. „General" Ward ging alsbald, nachdem die taipingische Feldarmee unter dem Tschung-wang nach Norden aufgebrochen war, mit seinem tatarischen, gut gedrillten Korps aggressiv vor. Am 30. August 1862 eroberte er Tsing-pu zurück, und dann fielen, da ihn der famose Kapitän Dew von der Seeseite her unterstützte, Tse-kie, Jü-jau, Fung-wha u. a. in die Gewalt der Mantschu. Ward, ein persönlich tapferer Mann, wurde bei Tse-kie am 21. September getötet, und Burgevine trat an seine Stelle. Um dieselbe Zeit rückte die anglo-französische Legion gegen Schu-sching vor, das sie lange belagerte. Hier brachten ihr jedoch die Tai-ping im Januar von 1863 eine tüchtige Schlappe bei — der erste Feldsieg gegen die Europäer —, wobei Lebrethon ums Leben kam. An seine Stelle trat der Artilleriekapitän Tardif de Moidrey. Er operierte nun zusammen mit Dew gegen Schu-sching. Es wurde Bresche geschossen und Tardif stürmte an der Spitze seiner „rowdies", fiel aber in der Bresche, während beim erneuten Anlaufe der englische Leutnant Tinling tödlich verwundet wurde. Erst einem dritten Sturme erlag die tapfer verteidigte Stadt und ihrem Falle folgte bald der von Schao-hing (Februar von 1863).

Underdes waren zwei Kolonnen auch aus Schang-hai vorgebrochen. General Staveley wendete sich mit der einen gegen Kah-ding, das eingeschlossen, beschossen und am 24. Oktober erobert wurde. General Burgevine dagegen hatte kurz hinter Tsing-pu eine Feldschlacht gegen ein vom I-wang abgesandtes Korps zu bestehen. Seiner Artilleriemacht, zwanzig Kanonen, konnten die Tai-ping kein einziges Stück entgegensetzen. Die Verheerungen, die die Kartätschen unter ihnen anrichteten, waren furchtbar. Etwa 2300 von ihnen blieben auf dem Metzelfelde, 700 wurden gefangen, während die Gegner nur 20 Mann verloren. Man wufste nicht, was man mit den Gefangenen beginnen sollte; da erinnerte man sich des famosen Mittels, das zuerst General Cooper im indischen Aufstande den rebellischen Sipahis gegenüber angewendet hatte. Die Tai-ping wurden truppweise herbei geführt, gefesselt, vor die Mündungen der Kanonen gebunden und dann mit Kartätschen niedergeschmettert. Das „blow away by the guns" wurde stehender Ausdruck und beliebte Methode.

Nichtsdestoweniger wurde Burgevine, als er sich mit Li veruneinigte und zu den Tai-ping nach Su-tschau floh, — es geschah dies kurz nach dem Gemetzel von Tsing-pu — freudig empfangen.

An seine Stelle trat Kapitän Holland, der sich durch die Wegnahme von Tai-tsan einen Namen machen wollte. Die Stadt wurde rings eingeschlossen; am 14. Februar 1863 wagte Holland den Sturm. Dieser aber wurde nicht nur abgeschlagen, sondern die Tai-ping fielen sogar heraus und richteten unter den Angreifern eine ganz gehörige Niederlage an. Es blieben 2000 Mantschu und 200 Europäer; aufserdem büfsten einundzwanzig der fremden Offiziere ihr Leben ein und gingen zwei Kanonen verloren. Eine solche Niederlage schien dem Fu-tai Li unerhört, und Holland mufste seine Stelle aufgeben, an die auf Lis Bitte Major Gordon am 25. März 1863 berufen wurde.

Ch. G. Gordon, der später durch seine organisierende Thätigkeit wie nicht minder durch sein tragisches Ende im Sudan berühmt geworden ist, führte die entscheidende Wendung im Taipingkriege herbei. Ohne ihn würde dieser einen ganz anderen Verlauf genommen haben. Es ist zu beklagen, dafs gerade dieser Mann, der soviel im Interesse der Humanität geleistet hat, dazu beitrug, eine auf humanen Grundsätzen ruhende Reformbewegung zu bekämpfen und auszutilgen. Dies ist überhaupt nur dadurch begreiflich, dafs Gordon gleich vielen andern human denkenden Briten durch die Verleumdungen der taipingfeindlichen Missionare getäuscht wurde, und dafs er sich zu sehr durch den Augenschein über die Repressalien der gereizten Tai-ping blenden und so zu deren Verurteilung verleiten liefs. Ein gewöhnlicher Abenteurer ist Gordon nicht gewesen, das beweist schon, dafs er später die Auszeichnungen die ihm die tatarische Regierung zu teil werden liefs, wenig achtete Vor allem hat er seine Hände rein von fremdem Eigentum erhalten während alles um ihn raubte und stahl. Er diente seiner Meinung nach einzig der Menschlichkeit, wenn er den Taipingaufstand unterdrücken half. Er scheint die Täuschung, in der er sich befand erst im Laufe des Krieges eingesehen zu haben, als es zu spät war.

Als Gordon den Oberbefehl über das tatarische Kontingent übernahm, bestand dieses aus sechs Regimentern, etwa fünftausend Mann mit anderthalbhundert Offizieren. Die Soldaten waren nicht kriegslustig, verstanden sich aber auf Exzesse desto besser. Gordon begann vorerst den britischen Drill einzuführen und sorgte dafür, dafs alle regelmäfsig, mit englischen Flinten bewaffnet wurden und Sold bekamen. Auch die Artillerie mit fünfzig Kanonen übte er ein. Das Offizierkorps war zusammengewürfelt und keine Musterkollektion: Engländer, von ihrer Regierung gesandt, Amerikaner, die auf Abenteuer ausgingen, Franzosen, Deutsche, Polen, Italiener, Ungarn und Griechen, alles durch Teilnahme an heimischen Revolutionen kompromittierte Leute, verkrachte Existenzen, verkommene Genies. Sie waren wohl tapfer, aber uneinig untereinander, händelsüchtig und meist lasterhaft; elf von ihnen starben am Säuferwahnsinn. Sie hingen sehr an dem geflüchteten Burgevine, dessen heroisches Wesen zugleich mit seiner Nachsicht in ihrem Betragen aufser Dienst ihnen gefallen hatte. Gordon hatte anfangs seine liebe Not, Einheit und Disziplin unter diesen „verlorenen Söhnen" herzustellen; allein schliefslich gelang es ihm doch, und binnen acht Wochen getraute sich der neue Oberbefehlshaber, ins Feld zu rücken.

Der I-wang war den Jang-tse-kiang abwärts gezogen und bedrohte Tschan-dzu, wo eine tatarische Besatzung lag. Gordon rückte direkt auf Fu-schan am Strome los, wo sich des Wangs Hauptquartier befand. Auf zwei grofsen Dampfschiffen wurde das Korps von Schang-hai aus stromaufwärts befördert, des Nachts die Stadt erreicht und dann drei Stunden lang bombardiert. Die Tai-ping zogen sich zurück. Darauf ging Gordon, von zwei indischen Regimentern unterstützt, gegen Tschan-dzu vor und brachte es auch hier durch sein „terrific gun fire" dahin, dafs der I-wang die Belagerung aufhob und sich mit der Armee auf Su-tschau zurückzog.

Tai-tsan wurde dadurch isoliert, und Gordon beschlofs es wegzunehmen. Die Stadt hatte eine Besatzung von 10 000 Mann unter Anführung französischer, englischer und amerikanischer Offiziere, auch war sie mit Geschützen versehen. Das Bombardement dauerte zwei Tage; am 2. Mai 1863 liefs Gordon die Bresche stürmen. Ein erbitterter Kampf erhob sich; aber als Gordons Artillerie sich konzentrierte und ihre Granaten über die Köpfe der Stürmer in die Reihen der Tai-ping schleuderte, da entscharten sich diese zur Flucht. Unterdes aber war es ihren Gegnern gelungen die Thore zu besetzen; es erhob sich daher in den Strafsen ein wildes Gemetzel, bis es den verzweifelt kämpfenden Tai-ping gelang durchzubrechen. Aber 2000 von ihnen waren gefallen, 700 Gefangene reihte Gordon in seine Truppen ein. Die sieben gefangenen europäischen Offiziere wurden dagegen erschossen. Gordons Verlust betrug 1 Offizier und 20 Mann tot, 7 Offiziere und 142 Mann verwundet. Von grofsem Nachteil für die Tai-ping war es auch, dafs der tüchtige General Tsching zu den Tataren überging.

Bald nachher folgte die Eroberung von Kwin-san. Diese Stadt ist von Sümpfen und Wasserarmen umgeben. Nachdem wieder die Kanonen zum Siege verholfen hatten, — es wirkten diesmal auch Dampfer, auf denen Geschütze standen, mit — wurden die Tai-ping zur Stadt hinausgedrängt. Sie stürzten sich Hals über Kopf in die Boote, drängten sich auf Dämmen und Brücken zusammen, erschraken namentlich über die Erscheinung der fauchenden und rauchaufwirbelnden Dampfer, welche die meisten von ihnen noch nicht gesehen hatten. Und in dies wirre Durcheinander der Flüchtigen, von denen nach Lin-lis Angabe neun Zehntel Wehrlose waren, feuerten die Verfolger mit Kartätschen. An 3000 Menschen kamen dabei um, während Gordon nur sieben (!) Mann verlor; 800 Gefangene reihte er wiederum in sein Korps ein. Nun war die ganze Umgegend des von Sümpfen und Bächen umgebenen Su-tschau „von den Rebellen gesäubert".

Die Regierung des Tai-ping-tien-kwo erkannte, daſs eine drohende Gefahr herannahte. Su-tschau, das Ausfallsthor des Ostens, durfte deshalb um keinen Preis den Feinden in die Hände fallen. Schleunigst berief man den Tschung-wang von seiner Expedition zurück. Auch ein anderer Umstand erforderte diese Mafsregel.

Der tapfere Generalissimus war im Mai von 1863 in Eilmärschen gegen Norden gerückt. Die tatarische Regierung sandte ihm den „glorreich Besiegten" von Pa-li-kiau, den brutalen Sangko-li-sin, mit einem Heere entgegen. Es kam zur Schlacht, und der Tatarenfeldherr erhielt Gelegenheit, eine neue vernichtende Niederlage zu verzeichnen. Sein Heer zerstreute sich und verwüstete alles ringsum, um den Tai-ping den Vormarsch zu erschweren. Dreihundert (englische) Meilen weit wurde das Zerstörungswerk fortgesetzt. Nichtsdestoweniger fiel Stadt auf Stadt den Tai-ping in die Hände und wie vor zehn Jahren, so stand nunmehr abermals Li-siu-tscheng, der Tschung-wang, drohend auf der Strafse nach Pe-king, als er durch die Befehle von Nanking aus plötzlich zurückberufen wurde.

Denn während die feindliche Armee von Schang-hai, die immer mehr anwuchs, Su-tschau anzugreifen drohte, erschien plötzlich an der Mündung des Jang-tse-kiang eine ungeheure Rudergaleerenflotte der Mantschu und drang rasch stromaufwärts. Sie war mit englischen Kanonen bewaffnet. Die Forts gegenüber Nan-king und dieses selbst auf der Wasserseite waren zwar gehörig in stand gesetzt und bewehrt, doch hatte man bei der Breite des Stromes und der guten Ausrüstung der Flotte der Feinde wenig Vertrauen auf die Möglichkeit, die Durchfahrt zu hindern. Nan-king selbst hatte eine seiner Ausdehnung wenig entsprechende Besatzung behalten. Wenn die Hunderte von feindlichen Schiffen Truppen landeten, konnte die Stadt leicht einem kombinierten Angriffe zu Wasser und zu Lande zum Opfer fallen.

Eilbote auf Eilbote ging deshalb an den Tschung-wang nach Norden ab. Mit Ingrimm erfuhr der tapfere Mann, dafs er nicht nur auf halbem Wege stehen bleiben, sondern gar umkehren mufste und dafs demgemäfs die Früchte aller Siege und Entbehrungen ihm entrissen würden. Er durchschaute den listigen Schlag, den die Tataren durch die Entsendung der Flotte gegen Nan-king gegen ihn führten. Es war eine Demonstration, ihn von Pe-king abzuziehen, und sie erreichte ihren Zweck vollständig. Denn die Kapitale des Tien-kwo konnte Tschung nicht einer solchen Bedrohung aussetzen lassen.

Thränen im Auge befahl der Feldherr der Tai-ping den Rückzug. Es war das zweite und letzte Mal, dafs die mantschurische Hauptstadt des Reiches der Mitte von der nationalen Erhebung bedroht worden war.

Den Rückzug hat uns Lin-li näher beschrieben. Er ging meilenweit durch öde Gegenden, Wüsten oder wüstgemachte Gebiete. Die Tataren hatten alle Niederlassungen eingeäschert, alle Einwohner ausgemordet oder fortgeschleppt. Es war im Namen des „Sohnes des Himmels" wie früher anderwärts in dem des „allerchristlichen Königs" (Pfalzverwüstung) eine neutrale Zone, d. h. ein lebensleeres Gebiet zwischen den kämpfenden Parteien geschaffen worden. Und aufser diesen tristen Gegenden gab es viel natürliche Hindernisse zu überwinden: Flüsse, die von dem anhaltenden Regen angeschwollen waren, Sümpfe mit undurchdringlichem Bambusdickicht u. a. Die Wege waren kotig und durchweicht; kurz, alles war dazu angethan, den Marsch der Taipingarmee aufzuhalten. Aber der Tschung-wang trieb seine Leute vorwärts. Er hatte 50000 Mann, die das Schwert auszogen, wie sich die Taiping bildlich ausdrückten. Ebensoviel Köpfe zählte aber der Trofs und die Schar der Kuli, der Gefangenen und der Flüchtlinge, die sich angeschlossen hatten. Dennoch herrschte eine musterhafte Disziplin und Ordnung in der militärischen Arbeit. Diese bestand einesteils im Fouragieren, andernteils im Überbrücken der Bäche und Sümpfe, im Lichten der Dschungeln und im Fahr- und Gangbarmachen der Strafsen. Alles regte die Hände; Frauen und Kinder halfen. So kam die grofse Menschenmenge rasch vorwärts. Tausende blieben allerdings auch links und rechts des Weges, den der Heerzug nahm, liegen und waren somit verloren. Aber der Zweck wurde erreicht.

Am 25. August 1863 kam die Taipingarmee gegenüber Nan-king, bei der Feste Kiu-fu-tschiu an der Mündung des Nankingbaches in den Jang-tse-kiang, an. An demselben Tage war die tatarische Flotte zwischen den Befestigungen unterhalb der Hauptstadt durchgebrochen und segelte nun stromauf.

Der Jang-tse-kiang war hochangeschwollen und wälzte seine gelben Wogen reifsend zum Meere. Eilfertig zog sich die Taipingflotille, die die Ankunft des Tschung-wang erwartet hatte, an der Mündung des Nankingbaches zusammen. In der Nacht und am folgenden Morgen begann der Wang die Überfahrt. Unterdes war die Spitze der feindlichen Flotte nahe herangekommen und hatte die Bewegung der Übersetzenden bemerkt. Sofort eröffnete sie ihr Feuer auf die Forts, Nan-king gegenüber, wo der Sze-wang, und auf Nan-kings Wasserseite, wo der Jing-wang kommandierte. Die Tai-ping erwiderten aus ihren schlechten, plumpen Röhren nur langsam; erst nach und nach folgten die Schüsse schneller und sicherer. Der Donner rollte über die Wasserfläche, Rauch und Dampf wälzten sich in wildem Wirbel dahin; aber stetig drangen die feindlichen Schiffe vor. Es gelang einer Anzahl von ihnen, die übersetzenden Truppen Tschungs unter Feuer zu nehmen.

Kartätschenlagen schmetterten in das Gewimmel der Dschunken und Boote. Da sanken die tapferen Veteranen, der Kern des Taipingheeres ins nasse Grab; zu Hunderten kamen sie wehrlos um. Nur 15000 Mann brachte der Tschung-wang, der sich mutig, gleich einem gemeinen Soldaten der Gefahr ausgesetzt hatte, hinüber; ein Teil war zurückgeblieben, ein dritter umgekommen. Von diesen Leuten warf der Wang 8000 in Nan-king hinein, 7000 behielt er zur Aktion zur Hand.

Am 27. August war die tatarische Flotte vollzählig versammelt: an tausend Kanonenboote mit ein bis vier Geschützen. Die Verbindung zwischen den beiden Ufern des Stromes war nun völlig unterbrochen. Sofort begann das Bombardement Nan-kings, Kiu-fu-tschius und der Befestigungen der Insel Ta-so-hia. Ein paar tausend Kanonen donnerten den ganzen Tag über bis in die Nacht hinein; erst nach Mitternacht trat scheinbar Ruhe ein. Mit Beginn der Morgendämmerung aber des 28. August fing der allgemeine Angriff auf sämtliche Forts von neuem an. Die Befestigungen der Insel wurden von dem Granatenregen förmlich zerstäubt, die Besatzung samt den Stücken zusammengeschmettert. Kiu-fu-tschiu wurde gleichfalls zum Schweigen gebracht. Die taipingischen Dschunken fielen sämtlich in die Gewalt der Tataren und wurden in den Grund gebohrt. Auch zwischen die Insel und die Stadt drängten sich die feindlichen Schiffe, allein hier wurden sie seitens der Verteidiger besser bedient. Viele wurden zerschossen und sanken, andere gingen in Flammen auf.

Lin-li, der tapfere europäische Unterführer, hatte die Verwirrung der feindlichen Flotte, die durch den Brand entstanden war, benutzt, um an der Spitze von einigen zwanzig gut bemannten und armierten Lorchas (Fahrzeuge) in die tatarischen Reihen einzubrechen. Kühn segelte er mitten in das Gewimmel hinein, mit seinem Dampfer voraus, rechts und links Salven in die Feinde abgebend, während andere seiner Leute Brandraketen und Brandbomben schleuderten. Die feindliche Flotte hatte sich des Angriffs wenig vorgesehen, und so konnten die kühnen Leute viel Verwirrung anrichten. Allein die Überzahl der mantschurischen Fahrzeuge war doch zu grofs. Sie sammelten sich und drängten Lin-lis kleines Geschwader zusammen und dann aus ihrer Mitte heraus stromabwärts, wo sie es von allen Seiten besser zu umgeben und zu vernichten gedachten. Die Leute Lin-lis wehrten sich tapfer, aber ihre Schiffe waren so zusammengequetscht, dafs sie teilweise von den Tataren geentert werden konnten. Nun empfing dazu Lin-lis Dampfer einen Schufs in den Maschinenraum und trieb steuerlos stromabwärts. Die Feinde sprangen auf das Schiff. Lin-li verteidigte sich und seine Frau Marie, ein Whampoa-Mädchen aus Hong-kong, die ihren Gatten auf vielen Kriegsfahrten gleich einer Taipingfrau treu begleitet hatte. Sie opferte sich nun für ihn auf, indem sie sich zwischen ihn und die Angreifer warf. Lin-li empfing einen Schlag, der ihn besinnungslos niederwarf. Als er aus seiner Ohnmacht erwacht war, fand er seine Gattin tot an seiner Seite, während ihn seine Getreuen lebend stromabwärts gerettet und ans Land geschafft hatten.

Diese Stromexpedition brachte sämtliche Befestigungen bei Nan-king in die Gewalt der anglo-tatarischen Streitmacht und vernichtete die Herrschaft der Tai-ping auf dem Jang-tse-kiang. Der Strom war bis nach Han-kau hinauf den Verbündeten frei, und die Wälle von Nan-king konnten nunmehr britische wie tatarische Schiffe ungehindert passieren.

Es ist interessant, diese anschaulich geschilderte dreitägige Stromschlacht bei Nan-king zu lesen. Lin-li hat den eingehendsten Bericht darüber verfafst. Das Bild von dem Gewimmel der tatarischen Flotte, von den brennenden, auffliegenden und versinkenden Schiffen, von dem Durcheinanderwoge des Kampfes ist ein äufserst lebhaftes. Man denkt unwillkürlich an die gewaltigen Seeschlachten im nordamerikanischen Sezessionskriege an die Thaten Farraguts und Porters bei New-Orleans, Charleston und Mobile, 1862—1864, die einen ähnlichen Zweck, Forcierung von Flufssperren und Hafenbefestigungen hatten.

Da nunmehr die gröfsere Gefahr von Su-tschau her drohte, so wurde der Tschung-wang mit dem Oberbefehl über sämtliche Streitkräfte der Tai-ping, die östlich von Nan-king im Felde standen, betraut und dem I-wang und Sze-wang vorgesetzt. Die gesamte Macht der Tai-ping wurde zusammengezogen; es handelte sich nunmehr um die Behauptung der unmittelbaren Umgebung von Nan-king. Dazu gehörte, daſs Su-tschau unbedingt im Besitze der Armee blieb. Der Tschung-wang hatte seinen Fehler von früher eingesehen, die Truppen durch Garnisonierung in den kleineren Orten allzusehr zu verzetteln und die Feldarmee dadurch zu sehr zu schwächen. Er drang nun darauf, alle zum Schlagen verfügbaren Kräfte zusammenzuhalten und hinter Su-tschau zu konzentrieren. Aber der Tien-wang, der bei dieser Gelegenheit wieder einmal bewies, daſs er noch vorhanden sei, bestand hartnäckig darauf, daſs die befestigten Orte sämtlich belegt würden, und dem Befehle muſste nachgekommen werden.

Der Tschung-wang begab sich mit Lin-li nach Su-tschau. Daselbst hatte General Burgevine die Tai-ping, die allmählich bis auf 32000 Mann Waffenfähige angewachsen waren, tüchtig organisiert, mit europäischen und amerikanischen Offizieren — es heiſst 3000 — versehen und auch eine „Americo-Tiping-Legion" gebildet. Sein herrisches Gebaren veranlaſste aber den Colonel Morton mit einer Anzahl europäischer Offiziere zu desertieren. Zur Wasserseite war Su-tschau trefflich geschützt; denn 26 Kanonenboote, die Burgevine den Tataren abgenommen hatte, lagen hier, wohl armiert und bemannt. Lin-li begründete nun zu Su-tschau mit der Zustimmung des Tschung-wang die „Loyal and faithful auxiliary Legion", die aus europäisch gedrillten Tai-ping unter Führung von 200 fremdländischen Offizieren bestand. Es gelang ihm auch, einen Steamer der Feinde zu kapern, der mit drei Kanonen bewaffnet war und der fortab führendes Schiff der kleinen Flotte der Tai-ping bei Su-tschau wurde.

Alsbald nach der Ankunft des Tschung-wang ergriffen die Tai-ping die Offensive und brachten den Tataren in der Schlacht bei Wo-kong eine gehörige Niederlage bei, wobei letztere 5000 Mann auf dem Platze lieſsen. Beim Marsche auf Kwin-san aber wurden die Sieger ihrerseits wieder von Gordon geschlagen und zogen sich deshalb auf Su-tschau zurück.

Unterdes waren im mantschurischen Lager alle Vorbereitungen zur Operation gegen Su-tschau getroffen worden. Li-hung-tschang hatte allmählich eine Armee von 70000 Mann zusammengebracht, davon waren 12000 unter General Tsching, dem Tai-ping-Renegaten, wohldiszipliniert. Gordon befehligte 6000 Mann. Er war nach der Einnahme von Kwin-san mit Tsching in Uneinigkeit geraten, da dieser den versprochenen Sold nicht gezahlt hatte und hatte schon daran gedacht, seine Stelle niederzulegen. Da hörte er, dafs General Burgevine gesonnen sei, die Sache der Tai-ping wieder zu verlassen, falls ihm Straflosigkeit zugesichert würde. Schon auf dem Wege nach Schang-hai begriffen, ritt Gordon nächtig wieder ganz allein nach Kwin-san zurück und bewegte sich mit seinen Truppen gegen Su-tschau. Burgevine suchte eine Unterredung mit Gordon nach; aber hier zeigte es sich, dafs der Amerikaner ganz andere Pläne hatte. Er schlug diesem vor, sich mit ihm zu verbinden, Su-tschau einzunehmen, das sie gegen Tai-ping und die Tataren halten wollten. Dann könnten sie eine Armee von 20000 Mann organisieren, gegen Pe-king rücken und grofse Beute machen. Die Machtstellung Burgevines hatte ihn blind gemacht; es war bei Gordons Charakter vorauszusehen, dafs er einem solchen Plane nicht zustimmen würde. Er liefs viemehr gewaltsamerweise Burgevine festnehmen und ihn dem amerikanischen Konsul in Schang-hai überweisen.

Nachdem Gordon nun noch vier Dampfer und eine Anzahl von Kanonenbooten erhalten hatte und Major Brown mit einer Abteilung englisch-indischer Truppen zu ihm gestofsen war, begann er in Verbindung mit der tatarischen Armee Su-tschau zu belagern.

15.

Su-tschau war, wie gesagt, nach allen Seiten hin wohl befestigt und seine Besatzung sehr tapfer. Sie entbehrte aber des führenden Hauptes seit Burgevine sich entfernt hatte und stand unter dem Befehle von sechs Wangs. Unter diesen war dem Mo-wang der Oberbefehl übertragen worden, was dem Nar-wang, der die Hälfte der Truppen befehligte und dem Höchstkommandierenden bisher im Range gleichgestanden hatte, schlecht behagte. Dazu kam, daſs ersterer Wang aus Kwang-tung, letzterer aus Hu-pe war und auch dies die Rivalität vermehrte, da die Provinzen, was das Ansehen anging, immer nach Superiorität strebten. Dieser Zwiespalt wurde der Sache der Tai-ping verderblich. Eigentümlich bleibt es, daſs der Tschung-wang nicht energischer in die Angelegenheit angriff. Allein er war mit der Reorganisation der Feldarmee beschäftigt und schien bei der Festigkeit Su-tschaus und seiner ausreichenden Besatzung an die Möglichkeit einer Eroberung der Stadt gar nicht zu denken, zumal die Tai-ping auch auf offenem Felde dem Feinde mehrfach erfolgreichen Widerstand geleistet hatten.

Li und Gordon scheinen auch, da trotz des heftigen Bombardements von Su-tschau keine Erfolge bedeutender Art zu verzeichnen waren, wenig Hoffnung gehegt zu haben, die Stadt mit offener Gewalt nehmen zu können. Sie versuchten es daher mit einem Überfalle. Die Nacht zum 28. November 1863 wurde dazu ausersehen. Die tatarische Armee erwählte sich die schwächste Seite der Befestigungen, schlich sich, von den Majoren Howard und Williams geführt, heran und stürmte. Aber alsbald erschienen die Turbane der Tai-ping auf der Mauer, und ein wütender Kampf entspann sich. Zwanzig Kanonen schmetterten ihre Geschosse in die Reihen der Verteidiger, aber diese hielten wacker stand, und nach einem heftigen Ringen, in welchem sie 7 Offiziere und 200 Mann verloren, muſsten die Angreifer zurück. Am 29. November waren 46 Geschütze in Position gebracht; unter dem Schutze von deren Feuer begann der Sturm von neuem. Gordon und die Majore Brennon und Morton zeichneten sich hierbei besonders aus. Gordons Kaltblütigkeit namentlich imponierte den Soldaten. Er ritt im dichtesten Kugelregen ruhig umher; sah er, daſs seine Offiziere zauderten und zurückblieben, dann zog er den einen oder anderen ruhig am Arme mit sich vorwärts. Dabei trug er nie eine Waffe, sondern nur einen Stab, den die abergläubischen Chinesen seinen Zauberstab nannten, da er ihn vor den Kugeln schütze. Aber auch der Mo-wang kämpfte tapfer und setzte sich sehr aus. Am Abend hatten die Belagerer das Low-mun (östliche Wasser-Aufsenwerk) erobert, mit einem Verluste von 7 Offizieren und 150 Mann von Gordons Truppen. Weiter war nichts erreicht. Da beschlofs Gordon den Verrat zu Hilfe zu nehmen.

Es ist nicht recht ersichtlich, trotz des Berichtes Gordons in der Schanghaier Zeitung The Friend of China (12. XII. 1863), ob schon der Überfallversuch vom Tage vorher mit dem schwarzen Werke des Verrats in Verbindung stand und ob des letzteren Ausführung nur durch die Umstände verhindert oder verzögert wurde. Kurz, der Nar-wang hatte bereits am 27. November mit Gordon Verhandlungen angeknüpft, die die Übergabe von vieren der sechs Thore von Su-tschau bezweckten. Mit dem Nar-wang waren der Ling-, Kong- und Pi-wang und aufserdem fünfunddreifsig Tientschwangs (Obersten) einverstanden. Nur der King-wang hielt zum Oberbefehlshaber und war nicht in die Verschwörung eingeweiht worden. Am 28. November erschien der Tschung-wang, konnte aber an diesem und dem folgenden Tage nicht angreifen, da er noch zu schwach war. Da nun der Angriff der Belagerer am 30. November nicht mehr erneuert wurde, so glaubte der Tai-ping-Generalissimus die Gefahr für Su-tschau einstweilen beseitigt.

Aber das war sie nicht. In der Nacht zum 30. November liefs der Nar-wang Gordon abermals das Anerbieten machen, die Stadt in seine Hände zu liefern. Seine Leute wollten sich nicht wehren und als Erkennungszeichen weifse Turbane tragen. Gordon kam hierauf mit dem Verräter persönlich zusammen und sagte ihm, dafs er keine Garantie für ihn und seine Leute übernehmen könnte; er möge entweder die Stadt verlassen oder er müsse fechten. Doch kam, nachdem Gordon von Li-hung-tschang Vollmacht erlangt hatte, am 2. Dezember eine abermalige Unterredung zustande, bei welcher der Nar-wang erklärte, er wolle sich nach der Eroberung nach Hause begeben; die anderen Wangs dagegen wären geneigt, in tatarische Dienste überzutreten. Gordon versprach nun, sich für ihr Leben zu verbürgen und erhielt auch von Li-hung-tschang eine dahingehende Zusicherung.

Am 4. Dezember hielt der Mo-wang in Su-tschau Kriegsrat, von den Verschwörern umgeben. Kaum hatte er seinen Vortrag begonnen, als letztere verabredetermafsen einen Wortwechsel erhoben, und als der Oberbefehlshaber drohend einschritt, fielen die anderen Wangs über ihn her und ermordeten ihn. Sein abgeschnittener Kopf wurde in ein seidenes Tuch gewickelt und an den tatarischen General Tsching gesandt. Die Aufrührer plünderten den Palast des Ermordeten und steckten ihn an. Die Leibwache, aus Kantonesen bestehend, wurde nach heftigem Kampfe aus der Stadt vertrieben, deren sich die Rebellen sofort bemächtigten. Sie schoren sich darauf nach tatarischer Sitte die Köpfe und luden Gordon ein, von Su-tschau Besitz zu nehmen. Er kam mit wenigem Gefolge am folgenden Tage und versicherte die Europäer ihres Lebens und Eigentums.

Am 6. Dezember 1863 zog das tatarische Heer unter Tsching in das verratene Su-tschau ein. Der brutale General hatte nicht im Sinne, das Versprechen Gordons seinerseits zu halten, und Li-hung-tschang schwieg sich vorläufig aus. Alsbald liefs Tsching Gordon eine Stunde lang hinhalten, so dafs er nicht aus dem Hause konnte, und während der Zeit ereignete sich das Schaurige. Die Wangs wurden in der Wohnung des Nar-wangs sämtlich hinterrücks ermordet und ihre Köpfe auf einen Haufen geworfen; gleichzeitig begann man allerorts zu plündern und zu metzeln, eine Anzahl hoher Gefangener wurde auf die Dampfer gebracht. Als Gordon endlich loskam, stürzte er voll böser Ahnung nach des Nar-wang Hause, fand aber dort nur die Köpfe, unter denen er denjenigen des Nar-wang erkannte. Er protestierte heftig bei Tsching, fand aber nur höhnische Antworten, und da er einsah, dafs er nicht weiter würde erfolgreich eingreifen können, schiffte er sich mit des Nar-wang kleinem Sohne auf einem Dampfer nach Kwin-san ein, einen Brief mit schweren Vorwürfen an Li-hung-tschang zurücklassend, den er nicht hatte antreffen können, weil er sich stets verleugnen liefs.

Die Tataren, des unbequemen Mahners ledig, begannen nun ihr brutales Mord- und Raubwerk in gröfstem Mafsstabe. Auf dem Exekutionsplatze nahm das Köpfen kein Ende, so dafs der Boden ganz mit Blut durchtränkt wurde und versumpfte. Als diese Art des „Wegsäuberns" zu langsam ging, wurden die Unglücklichen durch die Kartätschen des Artilleriekommandeurs Major Bailey einfach „blown away". Dieser ehrenwerte Sir machte sich überhaupt zum Henkersknechte der Tataren. Ein Augenzeuge erzählt, dafs noch zwölf Tage nach der Eroberung von Su-tschau ein am Exekutionsplatze vorüberfliefsender Bach rötlich gefärbt gewesen sei. An 30 000 Menschen sollen dieser tatarischen Blutorgie geopfert worden sein; es war eine wahre tschingiskhanische Metzelei.

Die Plünderung brachte den Tataren viele Beute. Des Mowangs Palast war allerdings ausgebrannt; man fand in ihm nur das grofse Gong und geschmolzene Bronzestatuetten, aber der des Tschung-wang, die grofse Pagode Ja-mun, wurde rein ausgeleert. Auch alle Vorräte an Seide wurden fortgeschleppt oder vernichtet; die Tataren hatten die Grausamkeit, in und im weiten Umkreise von Su-tschau alle Maulbeerbäume umzuhauen, und — warum nur? — die ganze Seidenkultur der Provinz zu zerstören.

Su-tschau, das prächtige chinesische Paris, wurde total ruiniert; der Wohlstand und das Glück des ganzen Seidedistriktes war dahin.

Und wie dagegen waren die Tai-ping bestrebt gewesen, diesen Erwerbs- und Handelszweig blühend zu erhalten!

Li-hung-tschang berichtete nach Pe-king und schrieb sich den Löwenanteil an dem Erfolge zu, bestätigte aber auch Gordons Verdienste und ersuchte um eine Auszeichnung für diesen. Die Regierung sandte Gordon eine goldene Medaille und 70 000 Mark als Geschenk. Der Major schrieb zurück, dafs er für die Anerkennung sehr danke; da aber der Fu-tai sein Wort bezüglich der Verschonung Su-tschaus und der gefangenen Wangs gebrochen habe, so könne er von Pe-king kein Geschenk annehmen. Gleichzeitig veröffentlichte er im Friend of China seine Rechtfertigung und gedachte seinen Abschied zu nehmen. Aber neue Erfolge der Tai-ping brachten ihn wieder auf andere Gedanken. Es hatten sich bei diesem sonst so aufgeklärten Manne die falschen, verleumderischen

Angaben über das Taipingtum zur eigenen inneren Überzeugung umgebildet; er verstand eben die Bewegung ganz falsch. Zwar erhoben sich viele Stimmen gegen ihn und für die Tai-ping, aber gerade das bestärkte ihn in seiner Auffassung. Er schrieb unterm 6. II. 1864 an Bruce seinen Entschlufs zu bleiben, was dieser unter Belobung seines Verhaltens im Interesse der Menschlichkeit — der bekannten „British humanity"! — sehr billigte.

Li-hung-tschang mufste eine Proklamation erlassen, worin er die Ermordung der Wangs als wider die Verabredung mit Gordon geschehen, zugestand, und von der Regierung zu Pe-king wurde Gordon das Versprechen gegeben, dafs bei ferneren Kapitulationen er selbst mitzureden und zu bestimmen habe und dafs den Beschlüssen nicht mehr zuwidergehandelt werden sollte. So söhnte er sich wieder mit dem Fu-tai aus und begann seine Operationen von neuem.

Der Tschung-wang hatte von dem scheufslichen Verrate, der das wichtige Su-tschau den Feinden in die Hände lieferte, keine Ahnung. Als er den Verlust erfuhr, verlor der tapfere Mann dennoch nicht den Mut. Es galt nun vor allem die Verbindung zwischen Su-tschau und dem Jang-tse-kiang zu unterbrechen. Sofort betraute der Wang den Lin-li mit einer Kanonexpedition, während er selbst am Ufer entlang marschierte. Lin-li hatte seinen Steamer und fünfzehn Kanonenboote mit 1000 Mann Besatzung von des Tschung-wang Garden unter seinem Befehle, aufserdem eine Division der „Loyal and faithful Legion". Bei Wu-si traf er auf eine buntbewimpelte, 62 Kanonenboote mit 124 Kanonen und 1860 Mann starke tatarische Flotte. Unter grofsem Geschrei und dem Getöse der Gongs und Kriegshörner begann der Kampf, der damit endete, dafs 22 feindliche Fahrzeuge teils genommen, teils zerstört wurden. Gleichzeitig besetzte der Tschung-wang Wu-si, konnte es aber nicht halten. Die zurückkehrenden Mantschu verübten auch hier die schrecklichsten Greuel, denen sich andere Exzesse anreihten und die schliefslich zu der erwähnten Ausmordung und Vernichtung des ganzen Seidedistriktes führten.

Um Weihnachten legte Lin-li, durch den Tod seiner Frau gebeugt und durch das greuelhafte Kriegswerk abgeschreckt, das

Schwert nieder und zog sich nach Schang-hai zurück, um dort seine Geschichte des Tai-ping-tien-kwo zu schreiben.

Zu Ende des Februar von 1864 nahm dann auf der gegnerischen Seite Gordon, jetzt Lieutenant-Colonel (Oberstleutnant), die Operationen wieder auf, diesmal als Chef der tatarischen Streitkräfte. Li-hung-tschang hatte ihn mit aufserordentlichen Vollmachten versehen. Die Feste Jih-sing wurde genommen; Li-jang verliefsen die Taiping freiwillig. Dann ging der Marsch durch wüste Gegenden. Überall die Niederlassungen zerstört, die Kulturen vernichtet, die Wege mit verwesenden Leichen und Tierkadavern bestreut. Die Tai-ping, zum äufsersten gereizt, hausten an den Abtrünnigen und Widersachern ebenso wie diese an ihnen. Der unmenschlich geführte Krieg hatte angefangen, auch sie zu verrohen. Die Vernichtung der Vorräte, das Ausbrennen der Dörfer, worin Tataren und Tai-ping wetteiferten, brachten Hungersnot und Seuchen über das Land. Die armen Bewohner starben zu Tausenden oder sie nährten sich vom Fleische der Gefallenen, Menschen und Tiere. Gordon schreibt darüber: „Schrecklich ist's, was ich mit Augen ansehen muſs. Wenn man von Kannibalen liest, graut es einem, aber wenn man es selbst mit ansehen muſs und wenn man Leichen sieht, aus denen Fleischstücke zum Verzehren herausgeschnitten wurden, so ist das noch viel grauenhafter. Alles was man iſst, ekelt einen an. Die armen Verhungerten kommen massenhaft an mein Boot, um einige Brocken zu erwischen. Ihr Jammerrufen benimmt einem auch noch den letzten Rest des Appetits." Wenn er aber die „Rebellen" allein für all das Unheil verantwortlich macht, so ist er entschieden auf dem falschen Wege. Vielmehr waren die Urheber der Greuel die Tataren, denen er diente.

Der Tschung-wang war von dem Tien-wang zur Sicherheit der Reichshauptstadt zurückberufen worden. Der Schi-wang war nach Kin-tang, der Fu-wang nach Tschang-tschau beordert worden. Beide hatten nur je 5000 Mann unter sich. Am 20. März 1864 stürmte Gordon Kin-tang. Die Kanonen hatten zuvor Bresche gelegt; dann schwieg plötzlich alles still, und hierauf brach der Sturm los. — Man denkt unwillkürlich an den Düppeler Schanzensturm, der kurze Zeit nachher stattfand. — Die Tai-ping leisteten furchtbaren Widerstand. Dreimal wurden die Stürmer abgewiesen, beim vierten Male gänzlich geschlagen. Sie hatten den Verlust von vierzehn Offizieren und einem Siebentel der Mannschaft zu beklagen; Gordon hatte einen, wenn auch nicht gefährlichen Schufs in den rechten Schenkel erhalten, auch sein Kollege Major Kirkham, und sein Adjutant, Major Brown, waren verwundet worden. Die Tai-ping hatten 600 Mann verloren, waren aber durch den Sieg, die Schlacht bei den Backsteinstücken (battle of brickbats), wieder ermutigt worden, wenngleich sie Kin-tang später verliefsen.

Auch auf freiem Felde waren sie um diese Zeit siegreich. Die Garnison von Tschang-tschau fiel aus und schlug die anrückenden Tataren. Als Gordon auf Hwa-su vorging, stürzte sich am 30. März der Fu-wang mit nur 3000 Mann auf ihn und schlug ihn zurück, wobei Gordon 7 Offiziere und 250 Mann verlor. Die Tai-ping stürmten nach der gegebenen Salve, die Gewehre fortwerfend, mit Todesverachtung den feindlichen Bajonetten entgegen, warfen sich auf die Kanonen trotz aller Kartätschenlagen und zwangen sie zum Rückzuge. Es war die ähnliche wilde Angriffsweise wie sie nachher die Machdisten im Sudan bekundeten und die wieder den von Bleibtreu verfochtenen Satz als Wahrheit erscheinen läfst, dafs im Kriege der moralische Faktor zum technischen sich wie drei zu eins verhält. So trieben die begeisterten Athener die Perser bei Marathon, die Bergschotten die englische Reiterei bei Prestonpans, die preufsischen Landwehren die napoleonischen Kohorten bei Hagelsberg und an der Katzbach zu Paaren. —

Unterdes war im Süden das französisch-chinesische Korps unter Kapitän Daiguebelle, dem Nachfolger Tardifs, zur Unterstützung eines tatarischen, das Hang-tschau eingeschlossen hatte, vorgerückt. Zweimal war die tapfere Besatzung dieser Stadt ausgefallen und hatte die Belagerer besiegt, auf offenem Felde, bei Hang-tschau und dann bei Fo-jang. Kühn gingen die Tai-ping nun auch Daiguebelle entgegen und wiesen ihn am 2. März unter den Mauern Hang-tschaus zurück. Als dann die Überzahl der Feinde den Platz einschlofs, wurde sie dennoch in zweimaligem Sturme, am

29. und 30. März, mit blutigen Köpfen zurückgewiesen. General Tsching, der Tai-ping-Renegat, suchte während der Zeit den Gegner von einer anderen Seite zu fassen. Er belagerte Kar-sing, unterstützt von einer Abteilung englischer Hilfstruppen unter Oberst Bailey. Mehrere Stürme wurden abgeschlagen; der letzte gelang indes, und die Stadt fiel. In einem allgemeinen Massacre verschwanden Besatzung und Bewohner. Tsching sollte den Sieg nicht lange überleben; ein schwer verwundeter Gefallener hatte ihm bei seinem Vorüberritte eine tödliche Wunde beigebracht.

Durch den Fall Kar-sings war Hang-tschau unhaltbar geworden. Die Tai-ping räumten es und gingen zurück. —

Gordon, an der Spitze von 15000 Tataren und mehreren englischen Regimentern, wandte sich wiederum gegen Hwa-su. Es fiel am 11. April, und einige Tage darauf wurden die vereinigten Streitkräfte des Schi-wang und Fu-wang entscheidend geschlagen. Die Kartätschen räumten mörderisch unter den Tai-ping auf, dann begann unter den Augen Gordons ein erbarmungsloses Gemetzel; 8000 der fast wehrlosen Tai-ping büfsten dabei ihr Leben ein.

Nunmehr vereinigte sich die gesamte tatarische Streitmacht unter Li-hung-tschang und Gordon, 100000 Mann stark, vor Tschang-tschau. Hier hatte sich der Fu-wang mit 8000 Soldaten und etwa 12000 Flüchtlingen, die notdürftig bewaffnet waren, gesetzt und befestigt. Verschiedene Versuche, die Stadt im ersten Anrenn zu nehmen, mifslangen. Man schlug sich besonders um den Besitz der Westvorstadt, die nach vielen blutigen Kämpfen endlich den Verbündeten blieb. Nachdem am 24. April ein furchtbares Bombardement erfolgt war, stürmten die Tataren mit aller Macht, mufsten aber zurück. Am 25. griff Gordon an, konnte jedoch keinen Erfolg erzielen. Am Nachmittage fiel sogar der Fu-wang aus und brachte der anglo-chinesischen Macht eine gänzliche Niederlage bei, 27 Offiziere, 400 Anglo-Chinesen und 1500 Tataren waren gefallen. Aber auch die halbe Garnison war aufser Gefecht gesetzt. Die gegenseitige Ermattung liefs für einige Zeit Ruhe eintreten. Dann aber wurden neue Batterieen aufgeführt, die allen Widerstand niederschmetterten. Am 11. Mai erstiegen die Belagerer die Wälle. Man widerstand ihnen mit letzter Kraft; durch alle Strafsen ergossen sich die wilden tatarischen Scharen unter entsetzlichem Gemetzel, dem kein Befehl Einhalt thun konnte. Der rasenden Furie fielen 12000 Menschen zum Opfer. Der Fu-wang hatte sich mit seiner Leibwache in seinem Palaste verbarrikadiert; alle Verteidiger fielen, aber ihn griff man lebend und führte ihn vor Li-hung-tschang, der ihm den Kopf abschlagen liefs. Ungeheure Vorräte, für zwei Jahre aufgespeichert, wurden erbeutet.

Damit war die Macht der Tai-ping im Felde gebrochen. Der letzte Rest der Streitkräfte unter dem Schi-wang, von Nan-king abgeschnitten, wandte sich nach dem Süden. Nur die Reichshauptstadt, ferner Hu-tschau und eine Anzahl unbedeutender Orte am Jang-tse-kiang bildeten den Rest des ehemals so mächtigen Tai-ping-tien-kwo.

Die Mission Gordons wurde von der britischen Regierung damit „als beendet angesehen". Infolge der „Order in Council", „prohibiting further aid to the Manchoo" mufste er den Oberbefehl niederlegen, blieb aber stiller Berater des chinesischen Generalissimus Tseng-kwo-fan von Schang-hai aus. Er selbst hatte nur der Sache, die er vertrat, gedient. Sein Gehalt, 24000 Mark, hatte er fast ganz zum Unterhalt von Soldaten und Einwohnern verwandt. Er bemerkt darüber: „Es ist keine böse Laune von mir, aber von der chinesischen Regierung will ich kein Geld. Arm wie ich bei meiner Ankunft war, verlasse ich China, doch weifs ich gewifs, dafs durch mich schwaches Werkzeug wenigstens 80— 100000 Menschenleben gerettet worden sind." Mr. Bruce schrieb an die Queen die hochtönenden Worte, dafs Lieutenant-Colonel Gordon — „Chinese Gordon", wie er fortab hiefs — „durch seine Uneigennützigkeit den nationalen Charakter in den Augen der Chinesen hoch erhoben habe." The disinterested Britons for ever!

Die Regierung zu Pe-king wufste nicht minder, was sie dem englischen Offizier zu danken hatte. Der Kaiser, d. h. Prinz Kung, verlieh ihm den Titel Tao-tai (Generalissimus) nebst der gelben Jacke und der Pfauenfeder, der höchsten Auszeichnung der Mandarinen. Die Kaiserin-Mutter widmete ihm als Geschenk eine goldene Medaille. „Keine zwei Pence achte ich diese Dinge", schrieb Gordon an seine Mutter, „aber da ich weifs, dafs Sie und der Vater Freude daran haben, so nahm ich sie an." Eine Belohnung von fünftausend Pfund, die ihm China gewähren wollte, wies er ab.

Bekanntlich hatte Gordon das Manuskript seines Tagebuchs nicht für die Öffentlichkeit bestimmt. Als es ein ihm befreundeter Staatsminister, dem er es geliehen hatte, heimlich drucken liefs und Gordon doch davon erfuhr, begab er sich in die Druckerei, holte das Buch wieder und liefs die schon gedruckten Exemplare vernichten und den Satz zerstören. Bezüglich seiner Veröffentlichungen sind wir auf seine Familienbriefe und seine Berichte im Friend of China angewiesen.

Es bleibt nun noch die Frage zu beantworten, warum die Regierung Gordon vor dem kurz darauf erfolgten Falle Nan-kings abrief. Das hatte in folgendem seinen Grund. Entgegen den Greuelthaten, die einst die unglücklichen Tai-ping begangen haben sollten, hörte die Welt nunmehr von der brutalen Barbarei der Mantschu, die jene Greuel bei weitem übertraf. Mit aller Macht erhoben sich deshalb diejenigen Stimmen, die früher für die chinesischen Revolutionsmänner eingetreten waren, und die Mehrzahl der Schanghaier englischen Zeitungen schleuderte furchtbare Anklagen gegen die Staatsleiter, die zu Saint James tagten. Allen voran beleuchtete ein Artikel im Friend of China vom 28. April 1864 die Sachlage richtig. Es hiefs darin, die Tai-ping hätten den entnervenden Opiumhandel, die entsittlichende Prostitution, den abscheulichen Sklavenhandel verboten, den Brauch der Folter, der Bestechung, des Zopftragens, der Verstümmelung der Frauenfüfse abgeschafft und eine menschenwürdige Behandlung des Volkes angebahnt. Eine solche Bewegung, der Humanität entsprossen, habe man gewaltsam unterdrückt. Barbarisch hätten dagegen die Mantschu durch Mord und Brand gehaust, und diese habe man unterstützt. Jeder Seidenballen und jede Theekiste klage Palmerstons Verbrechen an.

Am 20. Mai wurde der britische Premierminister im House of Commons heftig angegriffen und seine chinesische Politik einer vernichtenden Kritik unterworfen. Die Parlamentsmitglieder Baxter, Cobden und Sykes hielten ihm seine Sünden vor. Der Lord versuchte, sich zu verteidigen, aber so unglücklich, daſs jeder merkte, er habe sich gar nicht die Mühe genommen, über den wahren Sachverhalt der Dinge sich zu unterrichten. Am 31. Mai ging der Kampf von neuem los, und Palmerston, wie er auch sich wand und drehte, muſste vor seinen Anklägern die Waffen strecken. Nunmehr erfolgte die bekannte Weisung, daſs die englischen Offiziere die Mantschu fürder nicht zu unterstützen hätten.

Die Armesündermiene, die der edle Lord dem entrüsteten Unterhause gezeigt hatte, verwandelte sich — I calculate — in eine triumphierende Fratze, als er mit den Opiumbaronen und den Theespekulanten allein war. „Mögen die einfältigen Opponenten immerhin von humanity faseln, was liegt am Leben von ein paar Millionen chinesischer Schweine, was an Religion, Nationalität, Sozialreform! Humbug! Der Geldsack, der britische Geldsack ist heil!" So etwa wird sich Palmerston auſserparlamentarisch-unparlamentarisch ausgedrückt haben.

Und wir sind fest überzeugt: als ihn ein Jahr darauf, am 18. Oktober 1865, der groſse Schnitter Tod holte, da folgte er mit gutem Gewissen. Denn wer die Interessen Old Englands also verfochten hat, dem vergiebt Mother High Church willig alle seine Sünden.

16.

Noch während Gordon im mantschurischen Solde das Taipingtum bekämpfte, zog sich das Verderben um Tien-king, die Reichshauptstadt, rings zusammen.

Es war im Frühjahre von 1864, als sich ein gewaltiges tatarisches Heer unter dem Vizekönig von Tschi-li, Schan-tung und Ho-nan, dem hochmütigen Tseng-kwo-fan, den Mauern Nankings näherte und die Stadt einzuschlieſsen begann.

Die „Residenz des Himmels" hatte im letzten Jahre wiederum allerlei innere Kämpfe erlebt, über die aber Näheres nicht in die Öffentlichkeit gedrungen ist. Der Tien-wang, der sich gar nicht mehr blicken lieſs, hatte den Kan-wang und den Tschung-wang zu Ende von 1863 mit der Leitung der Staatsgeschäfte betraut, jenen mit der der civilen, diesen mit der der militärischen. Der Tschung-wang scheint dabei recht energisch zu Werke gegangen zu sein. Er stellte dem Kaiser vor, dafs am besten gethan sei, alle Positionen am Jang-tse-kiang zu räumen und sich ins Innere zurückzuziehen; denn nach der Schlacht bei Wu-si hatte er eingesehen, dafs das Verderben bald herannahen würde. Die Mitglieder der Familie Hung aber, aus denen sich die sämtlichen Palastbeamten und die Führer der Leibgarde zusammensetzten, veranlafsten den Tien-wang, sich dem Rate seines Heerführers zu widersetzen. Als sich letzterer trotz der Gegenbemühungen der Hung-Clique Zutritt zu dem Herrscher verschaffte, weigerte sich dieser nicht nur, den Forderungen zu willfahren — ein „Gemisch von nobleness, fanaticism und rashness" giebt Lin-li als Grund an —, sondern er zürnte dem Tschung sogar und verbannte ihn (um Weihnachten von 1863) eine Zeitlang vom Hofe.

Es befand sich der tapfere Generalissimus in einer ähnlichen Lage wie ehemals Stein dem Könige Friedrich Wilhelm von Preufsen gegenüber. Er sah das drohende Unheil kommen; aber weil er seine hochverehrte Mutter und den Kaiser, welchen er trotz des Undanks, den er von ihm erfahren hatte, herzlich liebte, in drohender Gefahr sah, brachte er sich nicht in Sicherheit. Er wufste auch, dafs man ihn wieder brauchen und ihn dann rufen würde und war entschlossen, dem Taipingreiche seine letzte Kraft zu weihen.

Es scheint, dafs der Tien-wang wirklich geistig ziemlich heruntergekommen und nicht mehr selbständig zu handeln imstande war. Er wie seine fanatische Umgebung sind wenigstens mit Blindheit geschlagen gewesen, so dafs sie nicht sahen, dafs das Reich der Tai-ping ein Ende nahm und dafs ihnen in Nan-king der sichere Untergang gewifs war. Sie glichen den Juden zu Jerusalem, die, als schon der Tempel durch die Römer in Brand gesteckt worden war, glaubten, dafs Jahwe Sebaoth zur Hilfe erscheinen würde, und auch den Christen zu Konstantinopel, die, als die Janitscharen in die Hagia Sophia einbrachen, bestimmt hofften, Maria, die Himmelskönigin, würde die Ungläubigen vernichten.

Das tatarische Heer wälzte sich unterdes auf Nan-king heran, mordend und plündernd und die Flüchtigen scharenweise in die Umwallung der Reichshauptstadt hineinscheuchend. Bald war diese eingeschlossen, und die Mantschu begannen ringsum ihre Werke zu errichten. Da konnte man denn in der Not nicht anders als seine Zuflucht wieder zu dem Tschung-wang nehmen. Mit gewohnter Energie begann dieser die Stadt in Verteidigungszustand zu setzen und Schanzen gegen die Belagerer zu errichten. Alles, was Waffen tragen konnte, wurde mit solchen versehen. Greise, Frauen und Kinder halfen beim Werke der Verteidigung; es ging wie bei der Wiederherstellung der Mauern von Jerusalem unter Nehemia: mit der einen Hand arbeitete die Besatzung, die Bevölkerung, kann man sagen, mit der andern führte sie die Waffen. Ausfälle und Scharmützel kamen häufig vor, man schlug sich mit Erbitterung in den Schanzen und Gräben; es war wie der Verzweiflungskampf der Saguntiner und Saragossaner.

Als nun um die Mitte des Mai die Feldarmee der Tai-ping teils vernichtet, teils nach Süden gedrängt worden war, als alle Orte aufser Nan-king und Hu-tschau in die Gewalt der Mantschu und ihrer europäischen Verbündeten gefallen waren, da wandte sich die gesamte Tatarenmacht gegen erstere Stadt, die nunmehr von Hunderttausenden umringt und von aller Kommunikation abgeschlossen wurde. Bald machte sich unter den Myriaden der Eingeschlossenen Hungersnot bemerkbar; trotzdem die Vorräte in Nan-king kolossal gewesen waren, reichten sie doch auf die Dauer nicht aus, nachdem Monate hindurch solch ungeheure Menschenmassen davon gezehrt hatten. Ein heifser, trockener Sommer machte sich auch ungünstig geltend. Nebenher dauerten die Kämpfe vor den Wällen fort. Ausländische Offiziere leiteten die wimmelnden, wie Maulwürfe wühlenden und schanzenden Chinesen; immer näher wurden Parallelen und Approchen vorgetrieben, bis endlich die Tai-ping sich aus den Vorwerken in die innere Stadt zurückziehen mufsten.

Am 15. Juli 1864 begannen die rundum aufgestellten Batterieen ein allgemeines furchtbares Bombardement, das sich besonders auf den Palast des Tien-wang richtete. Die grofsartige Aktion erinnert vielfach an die, welche sich um dieselbe Zeit auf dem Kontinente der neuen Welt vor Richmond vollzog. Zu den Schrecken der Hungersnot kamen also für die geängsteten Bewohner noch jene der Beschiefsung hinzu. Es war auch unterdes an einer Stelle des Walles eine furchtbare Mine gegraben worden; man hatte sie mit 680 Zentner Pulver gefüllt und alles zum letzten Schlage vorbereitet.

Da verbreitete sich am 17. Juli im Lager das Gerücht, der Tien-wang habe seine sämtlichen Frauen erdrosseln lassen und sich selbst vergiftet, durch Verschlucken von Goldblättchen (by swallowing gold-leaf).

Es liegt etwas Romantisches und Tragisches in dieser Kunde; man erinnert sich unwillkürlich des assyrischen Sardanapal und seiner That, die dem Falle von Nineve voranging. Nach einem ernsten Gebete zu seinem Gotte läfst der Tien-wang, überzeugt, dafs keine Rettung möglich ist, und festen Willens, seinen unbarmherzigen Feinden nicht in die Hände zu fallen, damit sie einen Spott aus ihm machen — vergleiche König Saul und die Philister —, seine Getreuen zusammen kommen. Er teilt ihnen mit, dafs er entschlossen sei zu sterben und will die, welche nicht freiwillig mit ihm in den Tod gehen wollen, entlassen. Seine Verwandten, die durch die Bande der Clanschaft und der Dankbarkeit an ihn gefesselt sind, erklären sich bereit, mit ihm die Welt zu verlassen. Sie sind von den Tai-ping nicht geliebt und haben von den Mantschu nichts zu hoffen. Vielleicht auch hat ihnen der Kaiser-Hohepriester ekstatisch die Freuden des Himmels gepriesen, die ihrer harren.

Nun geht das heimliche Werk seinen vorgeschriebenen Gang. In den Gärten des Kaiserpalastes wird, während draufsen die Kanonen donnern, noch einmal ein glänzendes, echt chinesisches Laternenfest gefeiert. Der Tien-wang ist selbst einer der Fröhlichsten und sieht manches nach. Aber kaum ist rings die Ruhe eingekehrt, da schleichen sich stumme Gestalten, mit seidenen Schnüren in der Hand, in das Allerheiligste des Palastes, und das schauerliche Erdrosselungswerk beginnt. Die Leichen der kaiserlichen Frauen werden in Teppiche gehüllt und in den grofsen Saal des Palastes getragen. Unterdes versammelt der Tien-wang seine Getreuen um sich; sie nehmen Abschied und leeren den Giftbecher. Der Kaiser begiebt sich, in sein Staatsgewand gehüllt, von den Sterbenden hinweg, um einsam zu enden. Dann geht alles in Flammen auf. Nur sein Sohn, der vierzehnjährige Hung-fu-tien, bleibt am Leben. Er ist von dem toten Herrscher dem Kan-wang und dem Tschung-wang übergeben worden. Bald darauf verbreitet sich das Gerücht, der Tien-wang sei tot, durch die Stadt und bis ins tatarische Lager.

So kann sich die Sache zugetragen haben; ja es ist sehr wahrscheinlich, dafs alles sich so ereignet habe. Dafs es der Fall wirklich gewesen ist, vermag niemand zu beweisen; denn alle Zeugen sind tot.

Am 19. Juli 1864 liefsen die Belagerer die Mine springen, die eine hundertzwanzig Fufs breite Bresche rifs. Dann begann der furchtbare Sturm auf die Stadt. Die Tataren wollen einen mannhaften Widerstand bei den verzweifelten Tai-ping gefunden haben und geben ihren Verlust auf 5000 Mann an. Sie wollen auch sämtliche Streitkräfte der Feinde in der Stadt vernichtet haben, können aber nicht leugnen, dafs an der Südseite der Stadt eine tapfere „Schar" durchgebrochen ist. Sie wollen ferner den Palast des Tien-wang erst nach langem Kampfe erstürmt haben.

Am Tage darauf schwamm ein britischer Man of war den Jang-tse-kiang hinauf. Auf ihm befand sich Mr. Adkins, der englische Konsul in Tschin-kiang, der sich sofort ans Land begab. Er fand die Stadt gänzlich in tatarischer Gewalt. Der Palast des Tien-wang bildete nur einen einzigen rauchenden Trümmerhaufen; Brände flammten allenthalben, und die tatarische Raub- und Blutorgie raste durch die Riesenstadt. Nackte weibliche Leichname, mit allen Zeichen der Vergewaltigung, lagen im brennenden Schutte; Haufen abgeschlagener Männerköpfe waren aufgeschichtet; das Blut rann in Bächen durch die Gassen. Die Schlächtereien (the slaughtering work) und die Brandscenen dauerten wochenlang; die Zahl der Hingemordeten schwankt nach den verschiedenen Angaben zwischen 10000 und 30000. Die letztere Zahl erscheint wohl nicht zu hoch gegriffen, wenn man an die Gewohnheit der mongolischen Massenmörder denkt.

Nan-king, die einstige glänzende Himmelsresidenz, lag seitdem in Trümmern und liegt noch zum Teil wüst bis auf den heutigen Tag.

Den Leichnam des Kaiser-Hohepriesters wollen die Eroberer im Garten notdürftig verscharrt gefunden und an seinem gelben Staatsgewande erkannt haben. Das erscheint wenig glaublich. Denn erstens wird der Tien-wang dafür gesorgt haben, daſs sein Körper nicht den Feinden in die Hände fiel, und zweitens würden die Sieger nicht versäumt haben, in besagtem Falle den Kopf des „Rebellenherrschers" sorgfältig abzuschneiden und nach Pe-king abzusenden, wie sie andere Wangköpfe dorthin ablieferten, wie wir sehen werden.

Es führt uns das zugleich auf die Frage des Schicksals des Tschung-wang und des Kan-wang, worüber verschiedene Angaben bestehen. Die eine besagt, die Tataren hätten den Kan-wang beim Sturme auf den Palast und den Tschung-wang auf der Verfolgung durch die Reiter gefangen. Eine andere behauptet, der Tschungwang habe sich mit dem Kaisersohne geflüchtet, sei aber von einigen Bauern eingeholt und umzingelt worden. Da habe er den Hungfu-tien auf seinen Schimmel gesetzt und entschlüpfen lassen und sich den Bauern als Gefangener überliefert. Letztere That sähe dem tapferen Generalissimus schon ähnlich; aber wir haben Grund, beide Versionen für falsch anzusehen, zumal später noch eine dritte auftauchte.

Mehr wahrscheinlich ist es, daſs der Kan-wang und der Tschungwang mit dem I-wang und dem Hsieh-wang (beides Brüder des Tien-wang), als sie hörten, daſs der Kaiser tot sei, mit ihren Treuen und dem Prinzen Hung-fu-tien während des Sturmes nach Süden durchbrachen. Die kleine „Schar", als welche die Tataren die Entkommenen bezeichnen, scheint die Mehrzahl der Waffenfähigen umfaßt zu haben. Es war den Wangs vielleicht der Befehl oder Wunsch des Tien-wang zugekommen, ihr Heil zu Gunsten seines Sohnes weiter zu versuchen und, wie es ja auch des Tschungwang Plan gewesen war, sich nach dem Süden zu werfen. Der Friend of China stimmt dieser Auffassung bei.

Die entkommene Besatzung wandte sich zunächst nach Hutschau, wo sie sich mit der dortigen vereinigte und erholte. Bald darauf aber erschien auch hier die tatarische Armee mit der francochinesischen Legion unter Daiguebelle und schloß die Stadt ein. Dabei hatte sie indes übersehen, daß ein großes Korps der Tai-ping außerhalb der Stadt stehen geblieben war. Am 28. und 29. August 1864 fielen nun die Belagerten heraus, und die draußen Stehenden reichten ihnen die Hand, so daß die Verbündeten zwischen zwei Feuer kamen. Die Niederlage dieser war vollständig. Die Legion verlor 6 Offiziere und 800 Mann, die tatarische Armee das Zehnfache; 4000 Gefangene schleppten die Sieger mit sich fort und zerstörten 250 Kanonenboote auf dem Tai-hu-See. Unbehelligt wandte sich dann das Heer der Tai-ping, 50000 Köpfe stark (wahrscheinlich mit Frauen und Troß), nach Süden, den Mantschu das öde Hu-tschau überlassend.

Li-hung-tschang befahl oder gestattete wieder das übliche Gemetzel an den zurückgebliebenen Wehrlosen. Man rühmte sich, die letzte Feste des Tai-ping-tien-kwo bezwungen, den Aufstand ausgerottet zu haben und war bestrebt, die erlittene Niederlage offiziell in einen Sieg zu verkehren. Als besondere Trophäe sandte der Fu-tai das Haupt des Tschung-wang (!) umher. Der Taipinggeneral sollte — und dies ist die dritte Version der Erzählung über sein Schicksal — gefangen genommen worden sein, worauf man ihn einstweilen eingekerkert habe. Um sich zu retten, habe er dort eine Schrift: The autographic deposition of Tschung-wang, the faithful king, at his trial after the capture of Nan-king, verfaßt. Dies habe ihm aber nicht geholfen; als „Rebell" sei er von der Strafe ereilt worden. Sein Kopf wurde zu Nan-king ausgestellt und nach Pe-king gesandt. Wirklich ist die genannte

Schrift erschienen und gedruckt worden. Lin-li bezeichnet sie als Machwerk, giebt aber zu, dafs sie manches Richtige enthalten könne; sie sei jedenfalls von einem dem Tschung-wang Nahestehenden abgefafst worden.

Ebenderselbe Gewährsmann aber sträubt sich gegen den Gedanken, dafs der Kan-wang und der Tschung-wang auf solche Weise und schon damals geendet haben sollen. Nun taucht der erstere Wang auch später wieder auf; aber von dem letzteren hat man nie wieder etwas vernommen. Lin-li meint zwar, in den nachherigen Operationen der Tai-ping des Tschung-wang Mafsregeln wieder zu erkennen; aber warum trat dieser denn persönlich nicht mehr hervor? Wir haben hier alle Ursache anzunehmen, dafs leider der „getreue Fürst" in einer der Aktionen in oder bei Hu-tschau ums Leben gekommen ist.

So endete die genialste und edelste Erscheinung unter den unglücklichen Führern des Tai-ping-tien-kwo.

Aber dafs dieses noch nicht ausgetilgt war, trotz aller mandarinischen Lügenberichte, das erwies sich bald nachher. Am 12. Oktober 1864 erschien ein Taipingheer von 10000 Mann unter dem Schi-wang (Li-schai-jin) vor Tschang-tschau, bei Hia-men (Amoy) in der Provinz Fo-kien. Nach erbittertem Kampfe bemächtigte es sich der Stadt, in der sich die feindlichen Einwohner in ihren Häusern verbrannten. Sofort erliefs der Schi-wang eine Proklamation, in der er sich Schi-king und „Protektor der himmlischen Dynastie" (Tien-kwo) nannte, was die Vermutung nahe legt, dafs er den Kaisersohn bei sich gehabt habe. Er forderte die Bauern zum Bau des Ackers und der Zuckerpflanzungen auf und verhiefs allen Friedliebenden Schutz. Den Engländern versprach er, Amoy nicht anzugreifen, wenn sie die Zufuhr der Lebensmittel nicht hinderten. Auch an die Vertreter der anderen Vertragsmächte sandte er Schreiben ganz in dem imperialen Wangstil. Er zählte die Wohlthaten auf, die die Tai-ping dem Handel erwiesen hätten und forderte kühn die Mächte auf, sich mit ihm gegen die Mantschu zu verbinden. Zum Beweise, dafs er nicht blofs zu reden, sondern auch mit dem Schwerte dreinzuschlagen verstehe, bemächtigte er sich sechs gröfserer Städte und trieb ein tatarisches Heer mit einem Verluste von 1000 Toten und 500 Gefangenen in die Flucht. Seine Streitmacht wuchs allmählich auf 50 000 Mann an.

Gleichzeitig sammelte in Sze-tschwan der I-wang (Schi-takai), des toten Tien-wang Bruder, die Reste der dortigen Taiping; eine Rebellion der tatarischen Truppen, die keinen Sold erhielten, erleichterte seine Operationen. In Kiang-si erschien der Kan-wang mit den Seinen, so dafs wieder drei Armeen der vernichteten „Rebellen" im Felde standen und auch auf einer anderen Seite Bündner fanden.

Die tatarische Herrschaft erlitt nämlich um dieselbe Zeit einen argen Stofs durch die Erhebung der muhamedanischen Unterthanen. Im äufsersten Westen des Reiches pflanzte Jakub-Khan von Kaschgar das Banner der Empörung auf und machte sich zum unabhängigen Herrn von Dschiti-schehr, der kleinen Bucharei. Die Muslime in Schen-si, Schan-su und Kan-su folgten seinem Beispiele. Diese „Ho-nan-Banditen" (filchers), wie sie von den Tataren zu Pe-king genannt wurden, wollten eine eigene Republik bilden; ihre Banden zählten an 100 000 Mann. Am Hoang-ho mischte sich der alte Nien-fie-Bund mit Tai-ping und Muhamedanern. In Jün-nan erklärte der Statthalter Suleiman sich zum Sultan von Ta-li. Da nun auch die Miau-tse in Kwei-tschau, Jün-nan und Kwang-si revoltierten, so stand das Reich der Mitte von neuem in hellen Flammen.

Gewaltige Angst befiel die Europäer und besonders die Briten. Die Tai-ping mufsten unbedingt aus der Nähe von Amoy entfernt werden. Sieben Dampfer brachten von Schang-hai ein chinesisches Korps mit englischen Offizieren herüber, unter welch letzteren sich die Majore Kirkham, Rohde und Williams, Gordons Mitkämpfer, befanden. Sie begannen im Frühjahre von 1865 ihre Operationen gegen Tschang-tschau. Die Tai-ping sahen ein, dafs sie sich dort nicht würden halten können. Am 16. Mai 1865 verliefs daher der Schi-king die Stadt und zog landeinwärts, wo er sich am 27. Mai, nach einem Marsche von etwa zwölf Meilen, mit dem

Kan-wang vereinigte. Dieser übernahm jetzt den Oberbefehl. Die Tataren nahmen Tschang-tschau und einige zwanzig umliegende Dörfer, veranstalteten das übliche Gemetzel, plünderten alles aus und steckten schliefslich sämtliche Niederlassungen in Brand. Bei dieser Gelegenheit fiel auch Burgevine, der wieder mit den Taiping angeknüpft hatte, den Tataren in die Hände und wurde trotz der Reklamen der amerikanischen Behörde ersäuft. Die Scharen der gefangenen Jünglinge, Frauen und Kinder wurden auf einem grofsen Sklavenmarkte verkauft; der Preis des Menschenfleisches war so billig, dafs eine Frau nur vier Dollars galt. Und dies alles geschah unter den Augen der für die „humanity" kämpfenden Briten, und trotzdem konnten die Bücher von Remie, „Peking and the Pekingese", und Davis, „Chinese Miscellanies", das Thun der Mantschu zu beschönigen und die Tai-ping fortgesetzt zu verleumden wagen. Die einzigen wahrheitsliebenden Stimmen erhoben sich in den Schanghaier Zeitungen, besonders im Friend of China, der nicht müde wurde, die Greuel der Mantschu zu schildern und Palmerstons Politik zu verdammen.

Die Tai-ping in Sze-tschwan unter dem I-wang vereinigten sich mit den Nien-fie. An 300000 Mann stark, vernichteten sie im Sommer von 1865 das tatarische Heer des Sang-ko-li-sin, der auf der Flucht fiel. Die Tai-ping in Kiang-si unter dem Kan-wang eroberten im Januar von 1866 Kia-jing-tschau, wandten sich dann nordwärts zur Vereinigung mit den Nien-fie. Seitdem verschwinden sie als kriegführende Partei vom Boden der Geschichte; was aus ihren Führern geworden ist, ist nicht zu sagen.

Nach zwölfjährigem Kampfe (1864—1876) ist es der mantschurischen Regierung gelungen, nachdem die national-chinesische Bewegung unterdrückt war, auch die muslimischen Reiche von Kaschgar und Ta-li zu unterwerfen. Der grofse Drache hatte gesiegt und der „Sohn des Himmels" herrschte nach wie vor unbestritten über seine Hunderte von Millionen.

Wir kommen zum Schlusse.

Der Koalition der mantschurischen Barbarei und der europäischen Civilisation, d. h. der durch die Kanonen verbreiteten, ist das Taipingtum erlegen. Seine Ausrottung war eine gewaltsame, wie wir sattsam hörten; wir wollen diese Behauptung aber auch statistisch nachweisen, an der Hand von Tabellen, die schon Lin-li zusammengestellt hat. Unsere Betrachtung erstreckt sich auf die Zeit vom Beginne der Fremden-Intervention bis zur Einnahme von Hu-tschau, des letzten Taiping-Bollwerks, d. h. vom August von 1860 bis zum August von 1864, also genau über vier Jahre.

Es verloren die Tai-ping vor Schang-hai und bis zur Eroberung Ning-pos durch die Engländer an 20 500, bei Ningpo und in dessen Umgebung 20 000 Mann. Bis zur Eroberung von Kwin-san kamen 10 700 um. Tschung-wangs Rückzug auf Nan-king (im Juni von 1863) und sein Überschreiten des Jangtse-kiang kostete an 40 000 (verhungert, vermifst und getötet). Bis zur Eroberung von Su-tschau fielen 10 650, bei der Sutschauer Metzelei an 30 000. Die Kämpfe bis zur Erstürmung von Tschangtschau (bei Nan-king) verlangten 34 700, das Tschangtschauer Massacre verschlang 20 000 Opfer. Bei der Wegnahme der Städte umher fielen über 10 000. Die in Nan-king Umgekommenen sind insgesamt auf 110 000 zu veranschlagen (darunter 70 000 an Hunger und Krankheiten Gestorbene). Während der Belagerung von Hu-tschau sind 15 000 getötet worden; an 50 000 fielen der Mordwut der Tataren rings auf dem Lande zum Opfer. Das macht insgesamt etwa 372 550 Menschen.

Die entsetzliche Hungersnot mit ihrem Gefolge von Seuchen in den Jahren 1863 und 1864 forderte nahezu 2 500 000 Menschenleben. Mit den obigen Verlusten macht das 2 872 000 Menschen.

Die Verbündeten, Mantschu und Europäer, verloren: um Ning-po 3000, vor Tai-tsan 2500, auf Tschungs Rückzuge 3000, vor Wu-si und Tschang-tschau 5000, beim mifsglückten Sturme auf Tschang-tschau 2000, nachher um und vor Tschang-tschau 3000, vor Nan-king 7500, vor Hu-tschau 9500, sonst noch etwa höchstens 4000. Wieviele Menschenleben unter ihnen auf dem Lande in dieser Zeit verloren gingen, ist nicht bekannt; man kann hier den Verlust vielleicht auf 10000 (gegen 50000 Taiping, s. o.) angeben. Rund würden also 50000 Mann Verlust anzusetzen sein.

Den Gesamtverlust an Menschen in den vier Jahren kann man also auf nahezu drei Millionen veranschlagen, ungeachtet die entsetzlichen Verwüstungen und das mannigfache Elend, das durch die barbarische Kriegführung angerichtet wurde.

Die Verlogenheit der britischen Angaben über die Störung von Handel und Verkehr, die durch die Tai-ping verursacht worden sein sollte, beweist nachfolgende statistische Tabelle der Ausfuhr von Thee und Seide. (Schanghaier Berichte.)

Es betrug die Theeausfuhr an Wert

1845/46 (vor dem Aufstande der Tai-ping)	57 580 000 £
1850/51 (beim Beginne des Aufstandes)	64 020 000 „
1855/56 (nach der Begründung des Reiches)	91 930 000 „
1859/60 (während des Kriegs im Theedistrikt)	85 938 000 „
1860/61 (nach der Eroberung des Theedistrikts)	87 220 754 „
1861/62 (bei vollem Besitze des Theedistrikts durch die Tai-ping)	107 351 649 „
1864/65 (am Ende des Taipingreiches)	121 236 870 „

Die bedeutende Zunahme der Ausfuhr in den ersten Jahren des Tai-ping-tien-kwo, sowie diejenige nach der gänzlichen Besitznahme der Theedistrikte durch ersteres ist ersichtlich.

Es betrug die Seidenausfuhr

1845/46 (vor dem Aufstande der Tai-ping)	18 600 Ballen
1850/51 (beim Beginne des Aufstandes)	22 143 „
1855/56 (nach der Begründung des Reiches)	50 489 „
1859/60 (während des Krieges im Seidedistrikt)	69 137 „
1860/61 (nach der Eroberung des Seidedistrikts)	88 754 „
1861/62 (bei vollem Besitze des Seidedistrikts durch die Tai-ping).	73 322 „
1864/65 (nach dem Falle Nan-kings)	41 128 „

Auch hier ist die bedeutende Zunahme der Ausfuhr am Anfange der Taipingherrschaft ersichtlich, ebenso der Aufschwung nach der Besitznahme der Seidedistrikte. Nachdem aber die Verheerungen der Mantschu 1862 begonnen hatten, die die Pflanzungen verwüsteten und die Maulbeerbäume umhieben, mufste natürlich die Fabrikation sinken.

Aber der Export von Thee und Seide stand natürlich bei den Engländern dem Import des Opiums im Werte nach. Hätten, wie schon mehrfach bemerkt, die Tai-ping sich dazu verstehen können, den Opiumhandel zu erlauben, dann würden die Briten sich auch vielleicht dazu verstanden haben, die nationale Revolution zu unterstützen, und die Mantschuregierung wäre alsdann gestürzt worden.

Was das für eine Umwälzung im Reiche der Mitte hervorgerufen haben würde, läfst sich ahnen.

Vor allem würde das soziale Leben der Chinesen die durchgreifendsten Reformen erfahren haben. Alle die Mafsnahmen der mantschurischen Zwingherrscher, die dazu angethan sind, das Volk in der Sklaverei niederzuhalten, wären fortgefallen; freier und ungezwungener hätte der Einzelne sich bewegen können. Die feile und faule Beamtenwirtschaft wäre beseitigt worden und eine geordnete Verwaltung hätte platzgegriffen. Denn dafs die hervorragenden Taipingführer ein ganz besonderes organisatorisches Talent entwickelten, haben wir gesehen, und sie würden zweifellos ihre Reformen auf das ganze gewaltige Reich ausgedehnt haben; das steht aufser Zweifel.

Auf handelspolitischem Gebiete standen gewifs ebenfalls die weitgehendsten Änderungen bevor. Die Tai-ping hätten den Europäern und Amerikanern bedeutend gröfsere Rechte und Vorteile gewährt als die bezopften Mantschu. Der Verkehr zwischen China und den Ausländern, zwischen Mongolen und Ariern hätte sich viel inniger gestaltet; denn die Tai-ping waren bestrebt, den fanatischen Fremdenhafs zu unterdrücken. Auch unterliegt es keinem Zweifel, dafs sie den Errungenschaften der neueren Entdeckung und Erfindung ihr Reich geöffnet haben würden. Maschinen, Eisenbahnen, Telegraphen würden Eingang und Einführung gefunden haben, und zwar all diese Förderungsmittel der Kultur auf freiwilligem Wege und ohne moralischen Zwang, nicht wie es jetzt unter der Mantschuherrschaft infolge des unglücklichen japanischen Krieges geschieht.

Was die kriegspolitische Seite angeht, so würden die Ausländer von dem Taipingtum nichts zu befürchten gehabt haben. Denn die Chinesen sind, wie wir eingangs gesehen haben, von Natur nicht kriegerisch gesinnt. Sie sind durch die Jahrtausende hindurch ein Arbeitsvolk gewesen. Im Gegensatze zu ihnen stehen die Japaner als Eroberervolk. Dafs die Chinesen ihre nationalen Güter und ihr Reich zu verteidigen verstehen, ist ersichtlich aus der vielfach erfolgten Abweisung und Abschüttelung der Fremdherrschaft. Und gerade der Taipingaufstand hat wieder ein Beispiel davon gegeben, wie die chinesische Langmut endlich doch einmal aufhören wird, und wie die Fremdherrschaft durch eine nationale Erhebung zerbrochen werden kann. Denn ohne die europäische Intervention würden die Tai-ping unter dem Tschungwang sicher siegreich gegen Pe-king vorgedrungen und diesmal auch in die tatarische Hauptstadt eingezogen sein. Dann aber hätten sie jedenfalls das Schwert niedergelegt.

Endlich kommen wir auf die religiöse Frage. Die „frommen" Opiumhändler, die in das Zetergeschrei mancher fanatischer Missionare einstimmten und die Tai-ping ärger als Heiden verriefen, würden allerdings geglaubt haben, das ganze Reich der Mitte werde sich nun in ein einziges Sodom und Gomorrha verwandeln. Wir wissen, dafs das Christentum der Tai-ping zu Anfang allerdings nicht so ganz von chinesisch-mythischen Anschauungen und Auffassungen frei war, dafs es aber der tüchtige Kan-wang unternommen hatte, eine Reinigung und zwar im urchristlichen Sinne eintreten zu lassen, die allerdings weder den Highchurchlern noch den Sektierern behagte. Aber was ging es schliefslich Engländer und Franzosen und andere an, was für eine Staatsreligion in China bestand, wenn diese Staatsreligion duldsam gegen Andersgläubige war? Rein gar nichts! Dafs die Tai-ping nicht gegen die Götzendiener, wohl aber gegen andere Religionsbekenner, gegen

Christen und Muhamedaner sich tolerant zeigten, wissen wir und haben auch keine Ursache zu zweifeln, dafs sie sich in Zukunft anders würden benommen haben. Und haben nicht auch die Engländer in ihrem Empire of India Millionen braminischer, buddhistischer, muslimischer und parsischer Unterthanen? — Also! —

Nach all dem Gehörten hat der britische Krämergeist chinesischen und europäischen Interessen einen bösen Streich gespielt. Nur wegen des Opiumhandels, der allerdings das einträglichste Geschäft war, sind hundertfache andere Vorteile beiseite gesetzt worden und hat die tatarische Regierung noch einmal eine Stütze gefunden. Dafs diese sich auf die Dauer nicht wird behaupten können, liegt jedem Forscher in chinesischer Geschichte und jedem Kenner der chinesischen Verhältnisse klar auf der Hand. Die dritthalbhundertjährige Herrschaft der Mantschu geht ihrem Ende entgegen. Beinahe schon wäre sie unter den Nachwehen des japanischen Krieges zusammengebrochen.

Die nationale Bewegung ist nur unterdrückt, nicht erdrückt. Es fehlt blofs an der energischen Person des Führers, der die unzufriedenen Elemente zusammenrafft und sich an ihre Spitze stellt. Hung-fu-tien, der Sohn des Tien-wang, könnte, wenn er noch lebte und die geeignete Persönlichkeit wäre — er würde jetzt etwa fünfzig Jahre alt sein — den entsprechenden Anfang im Volke finden. Das Andenken an die Taipingherrschaft ist noch keineswegs erloschen, und Tien-tes Lehren leben und erben sich fort. Die bösen „Schwarzflaggen", die den Franzosen in Tong-king so viel zu schaffen machten, sollen Reste der Tai-ping sein, die bekanntlich (s. S. 87) schwarze Fahnen führten. Neuerdings tauchen sie wiederum in Südchina auf.

Die Mächte Europas aber würden gut thun, sich in einen neuen Bürgerkrieg in China nicht einzumischen, sondern den Dingen ihren Lauf zu lassen. Auch vor einer allgemein kriegerischen Aufrührung des Volkes sollen sie sich hüten. Als im Frühjahre von 1895 die Japaner siegreich in der Mantschurei standen und das gedankenlose Publikum in Europa den „hochgebildeten, genialen, epochemachenden" Insulanern zujubelte, liefs ich in meiner Schrift

„Der neue Mongolensturm" zuerst die warnende Stimme ertönen: „Caveant Europae Populi! Hütet euch vor den gefährlichen Eroberern, lafst sie nicht Fufs fassen auf dem asiatischen Kontinent, lafst sie nicht die mongolischen Massen in China kriegerisch impellieren! Europas Völker, vereinigt euch!"

Die Schrift war kaum erschienen, da wurde der Friede zu Schimonoseki geschlossen durch Li-hung-tschang, den alten Vernichter der nationalen Taiping-Erhebung. Japan wollte festen Besitz in China erwerben, militärisch-handelspolitische Stationen im ganzen Lande errichten, das Reich der Mitte entwaffnen und — zugleich bewaffnen gegen den arischen Westen. Aber nun rafften sich glücklicherweise die drei kontinentalen Hauptmächte Europas, der germanischen, romanischen und slawischen Familie Vertreter, zum Einschreiten auf. Deutschland, Frankreich und Rufsland erkannten: das Gezänk um Elsafs-Lothringen und um Konstantinopel mufs verstummen vor der Frage: Wie schützen wir das Ariertum vor den Mongolen?

Abseits von jenen kontinentalen Hauptmächten stand das sein „I" verteidigende insulare Albion. Gleichartige Interessen verknüpfen es mit dem insularen Japan. Nie wird sich dieser aus vier Nationen zusammengebastardete Krämerstaat zum Vertreter idealer und nationaler arischer Interessen machen.

Also nochmals: Völker des europäischen Kontinents, wahret eure heiligsten Güter!

Nachschrift.

Die vorliegende Arbeit war fertig, bevor das Unheil in China ausbrach. Die Befürchtung, die ich an ihrem Schlusse hegte, das Mongolentum möchte sich gegen das Ariertum erheben, ist eingetroffen. Die europäischen Staaten haben nichts gethan, um eine kriegerische Erregung des Chinesenvolkes hintanzuhalten, sie haben diese vielmehr durch Absendung von militärischen Instruktoren und durch Lieferung von Waffen und Munition unterstützt, und England ist darin allen vorangegangen. Die Mantschu-Dynastie hat sich unendlich klüger benommen. Sie, die schon ihren Untergang vor Augen sah, mannigfach bedroht durch nationale Bewegungen, hat es verstanden, diese zusammenzufassen, auf einen andern Gegner zu lenken und sich an die Spitze der kämpfenden Nation zu stellen. So erscheint sie einem grofsen Teile der letzteren populär, — auf wie lange, kann niemand wissen.

Die Wogen werden hoch gehen; die Volkserregung in dem Riesenreiche ist furchtbar und greift immer weiter um sich. Wie das Ende sein wird, wer will das vorhersagen!

Unter diesen Umständen braucht es wohl keiner weiteren Ausführung, dafs die Lektüre des vorliegenden Buches nun erst recht nach vielen Seiten hin lehrreich sein wird, namentlich für den, der zwischen den Zeilen zu lesen versteht. Sicherlich wird man heute in Europa die Niederwerfung der grofsen Taiping-Revolution dort am meisten bedauern, wo man damals nicht zögerte, zu ihrer Unterdrückung thätig mitzuwirken.

Möge das geeinte Ariertum aus dem grofsen Kampfe siegreich hervorgehen, möge die Pazifizierung Chinas sich mählich vollziehen, und möge vor allem das gefährliche erobernde Japan in Schranken gehalten und ihm — wenn dies möglich ist — auf China kein Einflufs gestattet werden.